JN120701

経済開発の過去・現在・未来

開発経済学の果たした役割

郭　洋春［著］

文眞堂

はしがき

開発経済学は今，大きな岐路に立たされている。開発経済学は，元来途上国の低開発状態＝貧困脱却のための理論的・政策的提言構築のために生まれた学問だ。それはあくまでも，途上国を対象としたものだった。

しかし第2次世界大戦後，自由貿易体制が確立される中で，途上国の中からNICsが登場し，それに続き多くのアジア諸国が経済開発をはじめ，社会主義の崩壊と共にグローバリゼーションが世界中を覆い，環境破壊や格差，ジェンダー問題，COVID-19によるパンデミックなど，様々な問題が世界中に広がると，開発経済学は途上国を対象にした学問から，先進国をも含んだ世界経済全体が抱える問題を対象にした学問へと移行せざるを得なくなった。

20世紀は戦争の時代と言われる。第1次・第2次世界大戦が，その象徴的出来事であるが，その後の東西冷戦体制を維持するためには，構造的暴力と言える状態を創り出してきた。さらに，社会主義が20世紀末に崩壊すると，21世紀は，自由主義，資本主義が跋扈し，グローバリゼーションによって誰もが，その恩恵を受けられると考えた[1]。

しかし，グローバリゼーションの恩恵は，一部の富裕層だけに集中し，先進国内でも格差が広がるなど，「新しい貧困問題」が現れた。日本では，小泉政権による構造改革のひずみとして生まれたワーキングプアに代表される「新しい貧困」は，ネットカフェ難民という言葉まで生み出し社会問題化した。

世界は新自由主義者が考えたようには発展しなかったのだ。南北格差はいまだに世界経済に大きな影を落とし，環境破壊は悪化し続けている。ロシアのウクライナ侵攻に見られる地域紛争は泥沼化し，いつ終結するか予測できない。アジア通貨危機，欧州ソブリン危機，リーマンショックにみられる通貨・金融危機は，周期性を帯びたかのように繰り返され，その規模は次第に大規模化しているかのようだ。新型コロナウイルスの感染拡大によるパンデミックは，一瞬にして世界経済を麻痺させ，多くの人々を死の恐怖へと追いやった。

今や世界は，リスク社会に入ったといえる。そのリスクをいかに縮減させ，すべての国が豊かに暮らせる経済政策を考えるのが，開発経済学の新たな課題だ。そうだとしても，従来の課題＝貧困からの脱却＝経済成長が解決したわけではない。先進国ですら低成長に苦しんでいるからだからだ。経済開発は，先進国・途上国共通の課題だ。特に，先進国の低成長はその国の国際競争力の低下・衰退につながる。

その典型が日本であろう。日本は，第2次世界大戦の敗戦の中から高度経済成長を達成し，奇跡の成長を遂げ，1980年代にはアメリカを凌ぐほどの隆盛を極めた。しかし，バブル崩壊と共に始まった経済停滞は30年以上にもわたり，今や1人当たりGDPでは37位にまで低下した。アジアだけを見てもシンガポール，香港，マカオに次いで4位だ（2023年，IMFデータによる）。

それはビッグマック指数から見ても明らかだ。ビッグマック指数（The Big Mac Index：BMI）とは，イギリスの*Economist*が，世界各国の経済力を比較するために「一物一価の法則」を用いて，購買力平価を基準に各国の物価を測るために考えられた尺度であり，1986年以降毎年2回発表されている。これを見ると，アメリカのビッグマック指数を100とした場合，日本は-41.2で41位だ（2023年1月）。要するに，アメリカでビッグマックを食べようとすれば，日本で購入する時よりも40%以上多く払わないと食べられないという計算だ。この順位は，同じアジアのシンガポール，韓国，タイ，中国はもとより，パキスタンより低い。

数年前，日本では中国人観光客をはじめとしたアジアからの観光客による「爆買い」が話題となったが，それは日本製品の品質が良いということもあるが，それ以上に自国で買う以上に日本が「安い」という現実があったからだ。かつて日本が途上国に旅行に行って物価の安さに驚き，大量買いした現

ビッグマック指数ランキング

	国	指数		国	指数
1位	スイス	35.4	26位	コロンビア	−22.4
2位	ウルグアイ	27.8	27位	ポーランド	−12.6
3位	ノルウェー	22.9	28位	ホンジュラス	−24.5
4位	スウェーデン	4.8	29位	トルコ	−25.6
5位	デンマーク	0.9	30位	韓国	−26.0
6位	アメリカ	0.0	31位	タイ	−27.2
7位	アルゼンチン	−1.0	32位	カタール	−28.3
8位	オーストラリア	−4.6	33位	ハンガリー	−29.9
9位	サウジアラビア	−5.6	34位	オマーン	−31.2
10位	イスラエル	−5.7	35位	ペルー	−33.2
11位	スリランカ	−6.9	36位	中国	−34.0
12位	コスタリカ	−7.4	37位	ヨルダン	−34.3
13位	UAE	−8.6	38位	グアテマラ	−35.8
14位	ニュージーランド	−9.0	39位	パキスタン	−36.8
15位	チリ	−11.4	40位	モルドバ	−40.6
16位	イギリス	−12.9	41位	日本	−41.2
17位	クウェート	−14.5	42位	ベトナム	−42.7
18位	カナダ	−14.7	43位	マレーシア	−43.8
19位	チェコ	−15.8	44位	南アフリカ	−45.9
20位	バーレーン	−15.9	45位	アゼルバイジャン	−46.3
21位	レバノン	−16.5	46位	フィリピン	−46.9
22位	シンガポール	−16.6	47位	ルーマニア	−49.2
23位	ブラジル	−17.2	48位	ベネズエラ	−49.3
24位	ニカラグア	−21.2	49位	香港	−50.0
25位	メキシコ	−21.8	50位	インド	−52.7

出典：*The Economist*, 2023年1月26日

象が，現在では日本に来る途上国の観光客によって行われている。日本で起きている経済・社会現象は，あたかも途上国を見ているかのようだ。

日本は「失われた30年」からの脱却を目指し，様々な経済政策に取り組んできたが，いまだに成功したとは言えないばかりか，衰退の一途をたどっている。

このことからも分かるように，現在の開発経済学が取り扱う対象は，先進国・途上国という国ごとではなく，課題ごとに対応することが求められるようになった。

開発経済学の今日的課題を考える際，「生不在の開発」からの脱却が重要

な視点だ。

「生不在の開発」とは，人類の生存を保証する自然との関係・人間関係・社会関係など広く地球全体の生の存続が脅かされ，生態系が再生不可能となるまで破壊されることを意味する。現在の地球環境を見ると，「生の不在」は途上国に留まらず，先進国でも同じ状況が起きている。2015年の国連サミットで，全会一致で合意されたSDGs（Sustainable Development Goals：持続可能な開発目標）は，まさに「生不在の開発」からの脱却そのものだ。

以上の現状認識が，本書を執筆しようと思ったきっかけだ。開発経済学の研究を専門とする筆者にとって，開発経済学が社会貢献できていない現状には忸怩たる思いがあった。そのために，改めて開発経済学の変遷過程を振り返りながら，各時代ごとに開発経済学が果たしてきた役割を検証することは，大きな意味があると考えた。

さらに，昨今の世界的合意となっているSDGsにみられる地球的課題は，開発経済学に相通じる課題だと考える。正に，開発経済学は今，大きな岐路に立たされているといってよい。

本書は，途上国の経済開発に果たしてきた開発経済学の役割を，その時代ごとの政治・経済・社会との関わりと結びつけながら概観することで，どのような変遷過程を歩んできたかを考察している。それと共に今日，新たに直面している課題についても言及している。今日の開発経済学の課題は，途上国だけではなく先進国も同じ課題＝環境破壊，格差問題，地域紛争，感染症問題等を抱えているからだ。最後には，この諸問題を解決するために，開発経済学が貢献するための新たな地平線として，平和経済学の構築を提唱している。

注

1　フランシス・フクヤマ著／渡部昇一訳（1992）『歴史の終わり（上・下）』三笠書房。

目　次

第1章 開発経済学の今日的課題

1．経済とは何か

図1-1は宇宙から見た夜の地球の写真だ。明るい箇所は，夜，ライトが照らされている豊かな国・地域であり，暗い箇所は，夜であるにもかかわらずライトが照らされていない貧しい国・地域だ。一見してわかるように，地球の上（北）半分に明るさが集中しており，下（南）が暗い。北に豊かな国が集中し，南に貧しい国が集中している。南北問題と言われる所以だ[1]。

人類が宇宙にロケットを飛ばし，宇宙を開拓しようという時代においても，1日1.90ドル未満で生活している人が，いまだに6億8900万人いる(2018年)。さらに，COVID-19の前でさえ，貧困削減のペースは，1990年

図1-1　宇宙から見た夜の地球

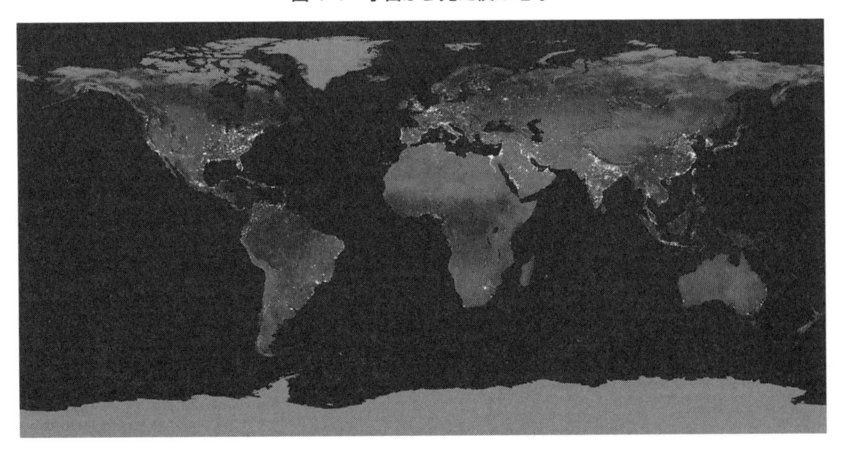

出典：NASA, https://earthobservatory.nasa.gov/features/NightLights

から2015年に年約1%の減少であったのが，2015年から2017年にかけては0.5%へと鈍化した[2]。

経済の語源は，経国済民（経世済民とも言われる）という言葉からきているといわれている。その意味は「国を治め，民を救うこと」だ。そして，経済学とは，人類・国民の経済的安寧と幸福を追求する学問であり，開発経済学は途上国の貧困問題を解決すべく，開発政策の立案に理論的・実証的基礎を提供する学問だ[3]。

開発経済学は，第2次世界大戦後に生まれた学問といっても良い[4]。その主な目的は，貧困の撲滅であり，途上国の経済発展であった。しかし，UNDP（United Nations Development Plan：国連開発計画）によると，南北格差は1820年の3対1から，第2次世界大戦後の1950年には35対1へと拡大し，1992年にはついに72対1へとさらに拡大した[5]。

現在，この割合は大幅に改善されつつあるが，それでも1日1.90ドル以下で生活する人が6億8000万人いるなど，今でも貧困問題は世界が抱える大きな課題だ。2015年に国連で採択されたSDGsの目標1が，「貧困」であることからもわかる。貧しい人たちのほとんどが，開発途上国で暮らしている。

開発経済学は，途上国の貧困解決のために誕生し，様々な理論が考えられ，実践されてきたが，当初の目的通り機能しているとはいいがたい。したがって，本章では，本来，経済学が目指す目的は何か，その中で開発経済学が果たすべき役割は何か，ということを明らかにすることで，経済学，開発経済学が抱えている今日的課題を明らかにする。

そのために，まずは，開発経済学の原点である開発とは何かについて明らかにすることから始めたい。

2．開発とは何か Ⅰ
──開発概念の歴史的変遷過程（第2次世界大戦終了後）

開発とは何か。世界銀行は，「開発は人類が直面する最重要課題である」[6]

と指摘している。そして開発の二大目標は，「経済成長を加速し，貧困を減らすことにある」としている[7]。また，開発の内容としては，教育の改善，保健と栄養の水準の向上，貧困の減少，清潔な環境，機会均等の拡大，個人の自由の拡大，豊かな文化的生活などが必要であるとしている[8]。この目標と内容は，いまだに変わっていない。にもかかわらず，世界を見渡した時，いまだに1日1.90ドル以下で生活している人が，6億8000万人もいる。

今日，我々が当たり前のように使用しているdevelopment＝開発という言葉は，実は新しい概念だ。developmentとは，本来，生物学などで主に使用されていた。ケンブリッジ英語辞典ではdevelopmentを，「誰かまたは何かが成長または変化し，より高度になるプロセス。健全な成長と発達」と説明している。ここでは，開発という概念は使われていない。developmentが，今日の使用方法＝「開発」に変貌したのは，第2次世界大戦後である[9]。

開発という用語は，今日に至るまでに，どのような変遷過程をたどってきたのか。表1-1からわかるように，グスタボ・エステバ（Gustavo Esteva）は，developmentとは，近代において思想と行動を導く力を持った言葉として大きな影響力を持ったと指摘している。生物学でdevelopmentを使う時は，進化を意味し，それは有機体が発生時に与えられた潜在能力を発現していく過程，つまり有機体が，存在形態を獲得していく過程をさしていた。

その後，チャールズ・ロバート・ダーウィン（Charles Robert Darwin）が，『種の起源』を刊行した1859年までの100年の間に，developmentは，生物が固有の存在形態に向かって変化するという概念から，生物がさらに完全な存在形態に向かって変化するという概念に進化した。ここではdevelopmentは，進化と置き換えることができる言葉として，使われていた。

18世紀の後半になると，生物学上の概念が，社会的領域でも使用されるようになった。ユストゥス・メーザー（Justus Möser）は，1768年から社会変革を指す言葉として，「Entwicklung（発展）」を使った。ヨハン・ゴットフリート・ヘルダー（Johann Gottfried von Herder）は，『人類歴史哲学考』（*Ideen zur Philosophie der Geschichte der Menschheit*, 1784）の中で，生物の成長の各時期と社会史を比較して，両者に包括的相互関係があることを示し，その関係性を，器官学に適用した。その後も，胚の成長をイメージしながら組織形態を development として説明した。自然論と歴史哲学の融合にも努め，歴史の development は自然の development の延長上にあり，両者とも神が創造した宇宙の均質的発展の変形にすぎないとした。

1860 年に，ドイツで出版された『教授教育体系百科事典』では，「人間の持てるものと知識のほぼすべてに適用される」と記されている。

20 世紀初頭には，development に新しい使い方が広まった。都市環境を，ある独特なやり方で整備しなおすことを，「都市開発」というようになった。この都市開発は，機械＝工業生産による空間の均質化を志向し，ハリー・S・トルーマン（Harry S. Truman）が考えた development に類似した概念であった。

1930 年代を迎えると，1 世紀前に確立された development と植民地主義

表 1-1　「開発」概念の類型・変遷過程

生物学	進化：有機体が発生時に与えられた潜在能力を発現してゆく過程
J・メーザー（1768 年）	「Entwicklung（発展）」：漸進的社会変革
J・ヘルダー（18 世紀後半）	歴史の development は自然のそれの延長上にあり，神が創造した宇宙の均質的発展の変形
K・マルクス（19 世紀半ば）	必然を特徴とする自然法則とともに開花していく歴史的な過程
「教授教育体系百科事典」（1860 年）	人間の持てるものと知識のほぼすべてに適用
都市開発（20 世紀初頭）	都市環境を独特なやり方で整備しなおすこと
英国の植民地支配（1930 年代以降）	植民地開発
20 世紀	アルゴリズム的使用
トルーマン	経済成長―1 人当たり所得を伸ばすこと
「第 1 次国連開発の 10 年」（1960 年代）	成長に変革をもたらしたものであり，変革とは経済的変革であると同時に社会・文化にわたる変革である。それは量的な変革であると同時に質的な変革でもある。何よりも人びとの生活の質の向上である。
「第 2 次国連開発の 10 年」（1970 年代）	開発の社会的側面と経済的側面の統合
ココヨク宣言（1974 年）	物を開発（develop things）することではなく，人間を開発（develop man）することでなければならない。
ブルントラント委員会（1987 年）	持続可能な開発
「人間開発報告」（1990 年代）	人間開発：

出典：ヴォルフガング・ザックス編／イヴァン・イリッチ他著／三浦清隆他訳『脱「開発」の時代―現代社会を解読するキイワード辞典』晶文社，1996 年，21-26 頁から作成。

が結びついた。イギリス政府は，1939 年に植民地開発法を植民地開発福祉法と改めたが，それは植民地保護論に積極的な意味を与えようとしたイギリス人が，宗主国が先住民に対して最低限の栄養と健康を保証する必要から，生まれた[10]。

このことからもわかるように，development という概念とは，生物学的意味を持った成長，進化，成熟といった意味から出発し，人間の潜在能力の発現，さらには社会変革をも意味する概念として発展してきた。言い換えれば，人間を含めた生物が，自らの持つ潜在能力を高め，発現していく過程であり，植民地時代においても，植民地に住む人々の栄養と健康を保証しようというものであった。

それは，今日，技術開発，経済開発に代表される非生物学的，非潜在的概念としての使い方とはかけ離れたものだ。

では，今日我々が耳にする開発という使い方は，いつから始まったのか。それは，1949 年 1 月 20 日，トルーマンが，第 33 代アメリカ大統領に就任した際に，大統領就任演説で使ったのが始まりであると言われている。トルーマンは就任演説の中で，「我々は進歩した米国の科学と工業の恩恵を低開発地域の進歩と成長に役立たせるため画期的な新計画に着手しなければならない。世界の半分以上の人びとが，今も悲惨な状態で生活している。彼らの食糧は不十分である。彼らは今日の疲弊した社会の犠牲者である。彼らの経済的生活は，未開のままであり，停滞している。彼らの貧困は，彼らにとっても，より繁栄した地域にとっても障害かつ脅威である」[11] と主張した。

Fourth, we must embark on a bold new program for making the benefits of our scientific advances and industrial progress available for the improvement and growth of underdeveloped areas.
More than half the people of the world are living in conditions approaching misery. Their food is inadequate. They are victims of disease. Their economic life is primitive and stagnant. Their poverty is a handicap and a threat both to them and to more prosperous areas.

彼が演説の中で使用した“underdeveloped areas”こそが，今日我々が当たり前のように使っている「開発」という言葉の起源である。

大統領就任式で訴えたポイント・フォー計画は，それ以降のアメリカの対途上国戦略・援助政策の根幹となった。それを理論的・政策的に支える理論として誕生したのが開発経済学だ。

3．トルーマンによる開発概念

トルーマンが，ポイント・フォー計画を立案した背景には，第2次世界大戦後の西欧諸国の復興と途上国への援助があった。前者は，マーシャル・プランとして知られ，後者はギリシャ，トルコ援助計画を中心に，他の途上国にも援助するというものだ。マーシャルプランが，緊急援助であったのに対し，途上国援助は，技術的援助が中心であった。

途上国への援助が，かつてのそれと異なるのは，トルーマン自身，「世界の歴史上いまだかつて提案されたことのない大胆な考え方」[12]と言っているように，それまでの特定の国・地域への限定的援助の枠組みではなく，世界的規模で援助を実施すると宣言したことだ。

かつて，アメリカが経済発展する際に，イギリス，オランダ，ドイツ，フランスなどからの投資を受け，「技術」開発することで発展したように，途上国にも技術援助を提供することで，経済開発を手助けしようと考えた。

アメリカが有している資本と技術の知識を，途上国が活用するために提供し，途上国の人々の生活水準を向上させ，ひいては世界全体の繁栄と平和を打ち立てようというものだ。その背景には，途上国を自由主義陣営に編入し，社会主義陣営と対抗しようという意図があった。

トルーマンによる新たな開発概念は，多くの功罪をもたらしている。功績の側面としては，その日の生活もままならなかった人々，国に，ある程度の物資を行きわたらせることができたことだ。そのために，途上国の窮状＝貧困を解決するための唯一の手段が経済開発であり，その実現のためには，アメリカ的な経済開発を通して，アメリカ的な生活様式を手に入れることであると植えつけたからだ。

他方で，量的成長を達成するためには，経済開発が必要であるということを人々に植え付けたことにより，今日，成長至上主義＝GDP至上主義は，様々な弊害（環境破壊，格差など）をもたらした。欲望の資本主義の誕生でもある。

アメリカにおいては，トルーマン政権の新たな政策を実現すべく，フォード財団やアメリカ国務省などの組織から何百万ドルという資金が近代化・開発研究に注ぎ込まれた[13]。この考えは，アメリカだけではなく，国連という国際機関の場でも，途上国の貧困を救うのが重要であり，そのために経済開発が必要であると考えられるようになった。

4．開発とは何か Ⅱ――トルーマン以降の開発概念

トルーマン以降，developmentはどのような概念として使われてきたのか。シャルミラ・ジョシ（Sharmila Joshi）は，developmentという概念の変遷過程を次のようにまとめている[14]。

1950年代は，先進国はもちろん，すべての国にとって経済開発こそが唯一の目標と見なされた（1947年国連憲章）。具体的には，工業化とGNP（Gross National Product：国民総生産）の増加だ。

1960年代は，「社会開発」という表現が，国連レポートで紹介された。1962年，国連経済社会理事会（United Nations Economic and Social Council：ECOSOC）が，開発における経済と社会の統合を提唱した。1961年の国連総会では，「第1次国連開発の10年（United Nations Development Decade I)」が決議された。その中で，開発とは，経済成長に加え社会的，文化的，経済的変革であると強調された。開発とは，成長に変革を加えたものであり，変革とは，経済的変革であると同時に，社会・文化にわたる変革である。それは量的な変革であると同時に，質的な変革でもある。開発のコンセプトは，何よりも人々の生活の質的向上でなければならないとした。

1960年代後半には，先進国と途上国の間に不平等な状態が継続したこと

により，開発という考え方は，再考されなければならないと認識されるようになった。

その結果，1970年代は，従来の経済的視点に立った開発という考え方に疑問が投げかけられた時代となった。特に，世界銀行のロバート・ストレンジ・マクナマラ（Robert Strange McNamara）総裁は，GNP至上主義からの脱却を訴えた。

国連は，社会的側面と経済的側面を統合するためのアプローチを決議した。それにより，「社会的公正」，「人間の潜在能力」，「人間のあらゆる分野」，「構造変化」が開発の新たなキーワードとなった。

1971年に始まった「第2次国連開発の10年」は，1969年のピアソン報告[15]，1970年のティンバーゲン報告[16]によって提唱された先進国による途上国への資金協力，技術協力の拡大を基調として，成長率を6%に設定し，1人当たりGDP（Gross Domestic Product：国内総生産）の年平均成長率を3.5%と設定した[17]。

しかし，1971年の金・ドル交換停止，1973年の固定相場制の変動相場制への移行と第4次中東戦争，1974年からの石油価格の急騰などに端を発するスタグフレーション[18]の発生による世界同時不況，1978年の第2次石油ショックなど，世界経済全体を巻き込んだ同時不況は，1960年の好景気から一転して景気停滞へと追いやり，途上国経済にも多大な影響を与えた。

東アジアの一部の国（NICs：Newly Industrializing Countries）は躍進する一方，サハラ以南のアフリカ諸国は絶対的貧困から抜け出せず，中南米・カリブ海諸国は累積債務の急増と経済成長の大幅な鈍化に直面した。

その結果，1970年代の世界全体の開発実績は，GDP全体で5.3%，1人当たりGDP2.8%，農業生産3.0%，工業生産6.7%と，いずれも第2次開発戦略の目標を下回った。さらに，1960年代に解決できなかった失業問題，貧困問題，都市・農村間の所得格差，累積債務問題等に加え，就学児童の不就学率の上昇，都市犯罪の激化，貧富の格差，熱帯雨林の破壊，財政赤字の増大等も顕在化した[19]。

結果的に，「第2次国連開発の10年」は成功しなかったが，この考えは，開発に対する多様性と異なる方向性を強調したココヨク宣言（1974年）[20]へと続いた。

1976年には，ILO（International Labour Organization：国際労働機関）が「雇用，所得分配および社会的進歩に関する会議」を開催し，20世紀末までに，最低生活水準の達成を目的とするBHN（Basic Human Needs：基本的人間のニーズ）アプローチを提案した。

ユネスコ（United Nations Educational, Scientific and Cultural Organization：国際連合教育科学文化機関）は，生活のあらゆる側面を含む総合的多角的諸関係の過程として開発を統合することを主張した。ユネスコは，工業化社会を内発的発展という概念で捉えなおした。しかし，この考え方は，開発という概念を曖昧にさせ，かえって停滞を余儀なくさせる結果となった。

1980年代は，「開発の失われた10年」と呼ばれたように，途上国の経済は混乱し，有効な経済政策・援助をすることができなかった時期だ。グローバルな経済的変化と構造調整プログラムが支配したが，それは決して進歩を意味しなかった。

1990年代は，新たな開発の概念が生まれた。それが，「持続可能な開発」という考え方だ。この考え方は，今日まで続く普遍的価値と考えられている[21]。

UNDPは，1990年に，経済的，社会的福祉を結びつけた複合的指数として人間開発指数（Human Development Index：HDI）を考案した。人間開発指数の測定は，生産ではなく，人間のニーズの充足が必要であるとした。また，『人間開発報告書』（*Human Development Report*：HDR）が発刊され，開発をGDPや工業化の程度ではなく，平均余命や識字率など，個々の人々が受ける恩恵を指数化した人間開発指数によって測る新しい基準を作った。因みに，同報告者は，毎年テーマを決め，それについての提言を行っている。

2000年代は国際的な場で，持続可能な開発について議論が深められてきた時代だ。2000年9月に，ニューヨークで開催された国連ミレニアム・サミットで国連ミレニアム宣言が採択された。その宣言を基にまとめられたのが，ミレニアム開発目標（Millennium Development Goals：MDGs）であり，極度の貧困と飢餓の撲滅など，2015年までに達成すべき8つの目標を掲げ，達成期限を2015年までとした。

2015年9月の国連サミットでは，加盟国の全会一致で「持続可能な開発のための2030アジェンダ」が採択された。そのアジェンダに記載された，2030年までには，持続可能でよりよい世界を目指す国際目標が，「持続可能な開発目標（SDGs：Sustainable Development Goals）」だ。これは，17のゴール，169のターゲットからなり，地球上の「誰一人取り残さない（leave no one behind）」ことを誓っている。SDGsは発展途上国のみならず，先進国自身が取り組むユニバーサル（普遍的）な目標となった（表1-2）。

以上のように，開発という概念は，経済成長（量的規模の拡大）から始まり，次第に社会との統合，人間の潜在能力の向上・顕在化，そして自然と人間との調和に基づく持続性を目的とした成長（質の向上）へと変化してきた。

第2次世界大戦後50年を経て，ようやく人類は，量的成長＝GDP至上主義の問題に気づき，その後30年かけて脱却しようと努力している。しかし，これだけ長い時間をかけても，多くの途上国がいまだに飢餓と貧困にあえいでおり，モノ不足に苦しめられている。

一方で，従来の量的成長を目指す工業化は，環境破壊，格差など先進国をも巻き込んだ地球的規模の課題をつきつけている。これは前述した持続可能

表1-2　開発概念の変遷過程

1950年代	経済成長
1960年代	社会開発
1970年代	参加型開発
1980年代	失われた10年
1990年代	持続可能な開発・人間開発
2001年以降	ミレニアム開発目標（Millennium Development Goals：MDGs）
2015年以降	持続可能な開発目標（Sustainable Development Goals：SDGs）

出典：筆者作成。

な開発が抱える2つの課題そのものだ。この根底には，資本主義的生産様式こそ唯一の成長ツールという考え方がある。資本主義は，労働力も含めてすべてのものが商品化され，市場で取引される。

言い換えれば，持続可能な開発であれ，社会開発であれ，資本主義社会である限り，すべては市場を媒介に取引される。その取引は決して対等ではなく，非対称的なものだ（市場の非対称性）。持つ者と持たざる者との間に格差が生じ，格差は広がることになる。

資本主義社会で生きる限り，市場とどうつき合っていくのか。市場の本質が変わらない限り，一国は市場に参加できる人間をいかに形成していくのか（労働者の形成）が課題となる。

5．全知全能の神となった開発主義

戦後の経済開発は，量的規模の拡大＝GDPの増大が，最も重要な価値観であると考えられてきた。この考えこそ開発主義と呼ばれる考え方だ。この開発主義のもとで，第2次世界大戦後の世界経済は成長してきた。

では，このまま開発を継続すると，社会はどうなるのか。言い換えれば，開発に終わり＝ゴールはあるのか。資本主義社会における開発は，競争を前提としている。開発の目的は，他者と同じか，それ以上の生活をしようとするために，競争するからだ。他方，先を行く国家（先進国）は，一度手に入れた豊かな生活を維持するために，さらなる開発に突き進む。

つまり，競争とは相対的なものなのだ。相対的なものであるがゆえに，絶対的価値判断がない。相手が，自分たちより豊かな生活をしていると思えば，彼らに追いつこうと，よりいっそう努力する。常に，他者との比較の中で自らの優劣を確認し続けようとすることになる。

競争には終わりがない。競争社会から離脱した瞬間，そこに待ち受けているのは，敗者というレッテルだ。そして最終的（開発の途中でも）には，競争には勝ち組と負け組が生み出される。負け組がいてこそ，勝者は勝利を確信することができ，そこから利益が得られる。競争とは敗者がいて，格差がついて（あって）こそ，利潤を最大化することができる。資本主義が，資本主義である限り，格差・不平等は決してなくならない。

第2次世界大戦後に生まれた開発経済学が，途上国の経済発展のために，様々な経済政策を立案・実行してきたにもかかわらず，かえって格差を生み出し拡大させてきたのは，競争を前提とした開発政策を遂行してきたからに他ならない。

問題は，この開発主義＝GDP至上主義が，近代化，工業化と一体となることで，いまだに信奉されていることだ。前で，人類は21世紀に入り，量的成長の問題に気づいたと述べたが，それでも根底には量的成長への渇望を捨てきれていないばかりか，新たな科学技術によって環境破壊を初めとした様々な問題を解決できると考えている。要するに，開発を否定することは，飢餓・貧困の解決を遅らせることだと見なされるだけではなく，いつしか，競争社会の中で自らが勝利することが，個人・社会の人生観・世界観の中心になり，そのため多少の不正を犯したり，他人を蹴落としてでも勝利しようとし，従来の人間社会にあった，相互信頼関係が希薄化してしまう。開発主義とは，それほどまでに強固な考え方なのだ。

6．現在の格差社会を作り出した開発競争

南北問題＝経済格差が解決しない理由は，経済的問題と政治的問題に分けてみることができる。経済問題とは，開発政策が，途上国の貧困問題の解決に必ずしも有効に働いてこなかったという問題である。これに対し，政治的問題は，4つの問題からなる。

第1に，南北問題は，その発生時より政治的性格を帯びていた。南北問題という言葉を初めて使ったといわれているオリヴァー・フランクス（Oliver Franks）が，この言葉を使用したきっかけも，当時の東西問題との対比からであり，ジョン・フィッツジェラルド・ケネディ（John Fitzgerald Kennedy）大統領が，「国連開発の10年」を提唱したのも，理想主義・人道主義の観点以上に，国連に新たに加盟した途上国を西側陣営に引き留めて

おくための，政治的思惑があった。

途上国も，南北問題の解決を純粋な経済問題ではなく，国連という国際舞台で旧植民地宗主国に自らの要求を突きつけるという政治的意味合いが強かった。

第2に，途上国は，南北問題解決の目標を，常に先進国より高い経済成長におき，格差の縮小を図ろうとした。確かに一部の途上国は目標を達成できたが，達成できなかった多くの途上国では，その原因を自国の経済構造・経済政策の未熟さに求めるのではなく，現行の世界経済体制・貿易体制に求め，その是正のために，政治的要求へと結びつけた。

第3に，上記の目的を達成するために，途上国の意見・要求が通る国際機関の設立や行動を求めた。1964年のUNCTAD（United Nations Conference for Trade and Development：国連貿易開発会議）の設立や1974年のNIEO（Declaration on the Establishment of a New International Economic Order：「新国際経済秩序樹立に関する宣言」）がそれにあたる。これらの樹立を通し，途上国の要求は，次第に国際社会における政治的発言力の強化へと結びついていった。

第4に，南北問題解決のための交渉が，常に南側からの要求であるのに対して，北側がそれに，いかに応えるか（あるいはいかに拒否するか）に終始し，その交渉は困難を極めた。南北問題を論じること自体，政治的駆け引きが常に必要とされたのだ[22]。

政治的・経済的側面を含んだ途上国の経済開発は，当時の資本主義陣営と社会主義陣営にとっては，いかに自らの経済開発システムが有効なのかを主張し，自陣営に引き込む絶好の機会でもあった。そのため，過剰な援助合戦，支援合戦が繰り広げられることとなったが，それは結果として，途上国を援助漬けに追いやり，時として過剰な介入へとつながった。

それは，途上国のためというより，自らの体制への取り囲みを通して，自陣営を拡大・強化しようというものであった。そのための理論として，開発経済学が利用され，発展した。開発経済学が，政治・経済的側面を有している所以だ。

7．開発経済学の再生に向けて

経済成長こそ国家を豊かにし，国民を幸せにできる手段であると信じて競争社会を突き進む現在の資本主義社会では，途上国の経済発展を達成することはできないばかりか，南北格差も拡大する一方だ。したがって，今我々に求められているのは，開発主義に代わる新たな価値観を打ち立て，「脱」開発社会を展望することだ。そのためにも，開発のあるべき姿を提示しなければならない。それは，GDP 至上主義からの脱却を果たすことであり，開発主義に変わる新たな理論を見出すことだ。それは物質中心社会に代わる新たな社会を構築することでもある[23]。

その際，必要となる視点は，①他者との違いを許容できるか，②他者との違いを尊重できるか，③他者と共存できるか，ということである。この視点の含意は，開発主義の問題点である経済成長こそ唯一の価値という画一化された価値観から脱却し，多様性をもった社会と共存・共栄できるかということだ。

さらにグローバルな経済・社会システムだけではなく，ローカル，リージョナルな経済・社会システムの構築をも模索することを意味する。要は，“think globally, act locally” ということだ（そのための具体的方法については，後章で詳しく述べる）。

現在，経済学や開発経済学は，大きな岐路に立たされている。それは，20世紀後半から今日にかけて，世界経済を取り巻く環境が大きく変わったことからも明らかだ。世界は，地球温暖化，食糧危機，人口増大，エネルギー危機，新型コロナウイルスの感染拡大，ロシアのウクライナ侵攻等，様々な危機に直面している。

次章以降では，開発経済学の今日に至るまでの変遷過程を振り返りながら，開発経済学が抱えている課題を明らかにし，成長至上主義に代わる新たな開発理論とは何かについて見ていくことにする。

注

1 「南北問題」という用語は，ロイズ銀行会長であったオリヴァー・フランクスが，1959年に国連総会で行った講演「新しい国際均衡—西欧世界への挑戦」に端を発すると言われている。フランクスは，当時の世界が抱えている問題を「東西問題」と同じくらい，地球上の北側に位置する先進国と南側に位置する開発途上国における格差問題が大きくなりつつあると述べた

2 UNDP (2022), *HUMAN DEVELOPMENT REPORT 2021/2022*, p. 33.

3 渡辺利夫・佐々木郷里編（2004）『開発経済学辞典』弘文堂。

4 正確には，第2次世界大戦以前から存在しているが，今日のような貧困解決を目的に，開発を推し進めるための理論として体系立ったのは，第2次世界大戦以後である。

5 UNDP (1999), *Human Development Report 1999: Globalization and Human Development*.（UNDP『人間開発報告書1999：グローバリゼーションと人間開発』国際協力出版会，1999年，50頁。）

6 The World Bank (1991), *World Development Report: The Challenge of Development*, Oxford University Press, p. 1.

7 The World Bank (1978), *World Development Report 1978*, p. iii.

8 The World Bank (1991), *op.cit.*, p. 3.

9 Wolfgang Sachs (ed.) (1992), The Development Dictionary: A Guide to Knowledge as Power, Zed Books.（三浦清隆他訳『脱「開発」の時代—現代社会を解読するキイワード辞典』晶文社，1996年，18頁）；イバン・イリッチ（1982）「暴力としての開発」坂本義和編『暴力と平和』朝日新聞社，12頁；拙著（1996）「冷戦構造の本質の世界経済—アジアの開発と開発主義」涌井秀行・横山正樹『ポスト冷戦とアジア』中央経済社。

10 ザックス編，前掲訳書，21-26頁。

11 Yale Law School, Lillian Goldman Law Library. (http://avalon.law.yale.edu/subject_menus/inaug.asp)

12 Truman, Harry S. (1956), Years of Trial and Hope, Doubleday.（堀江芳孝訳／加瀬俊一監修『トルーマン回顧録Ⅱ』恒文社，1992年，175頁。）

13 Lummis, C. Douglas (1991), "Development is Anti-Democratic," *Kasarinlan*, Vol. 6, No. 3, 1st Quarter, p. 43r.

14 井上英晴（2006）「地域福祉と地域開発」鳥取大学『地域学論集』第3巻第2号。

15 マクナマラ世界銀行総裁（当時）の要請に基づき，ピアソン元カナダ首相を委員長に7人の委員が作成した，1970年代の開発戦略に関する報告書。1969年の世界銀行・IMF年次総会で公表された。

16 オランダの経済学者ティンバーゲンを中心に，国連開発計画委員会が1970年代の開発のあり方に関してまとめた報告書。

17 同上書，38頁。

18 スタグフレーションとは，stagnation（停滞），inflation（インフレーション）の合成語で，経済活動の停滞（不況）と物価の持続的上昇という相反する経済現象が共存する状態のことである。

19 広野良吉（1990）「国際連合と国際開発戦略の変遷」財団法人日本国際問題研究所『国際問題』8月，No. 365，40-41頁。

20 ココヨク宣言は，「開発の目的は，物を開発（develop things）することではなく，人間を開発（develop man）することでなければならない。人間としての基本的ニーズを充足（fulfillment of basic needs）させない—ましてニーズそのものを崩壊させる—いかなる成長も開発の理念に逆行する」と主張した。

21 ただし，持続可能な経済開発には，開発それ自体を持続させる戦略（現在の経済開発を持続さ

せる戦略）なのか，地球環境を保護・持続させる戦略（現在の経済開発に代わり，地球それ自体を持続させる開発戦略）なのか，という相反する理解が存在する。

22　谷口誠（1993）『南北問題　解決への道』サイマル出版会，60-65頁。

23　筆者はそのひとつの答えとして拙著『100均資本主義―脱成長社会「幸せな暮らし」のつかみ方』（プレジデント社，2022年）のなかで，資本主義自体が成長至上主義的構造から高成長を求めない（できない）資本主義へと変貌しつつあることを説いた。

第2章

開発経済学の萌芽期

―「東西対立」と「南北対立」の狭間から生まれた開発経済学―

1．2つの課題から始まった戦後世界

第2次世界大戦後の世界は，2つの「復興」と2つの「対立」という課題の克服から出発した。2つの復興とは，西側先進国の復興と，帝国主義諸国によって植民地化されてきた途上国の復興（政治・経済的独立）という課題だ[1]。

前者の復興を解決するために，1944年のブレトンウッズ協定によって設立された国際復興開発銀行（The International Bank for Reconstruction and Development：IBRD，世界銀行グループ）や第2次世界大戦で被災したヨーロッパ諸国の復興のために，1947年に米国国務長官ジョージ・キャトレット・マーシャル（George Catlett Marshall）が提唱した，「欧州復興計画」（European Recovery Program：ERP，通称「マーシャル・プラン」）や，日本・旧西ドイツなどの占領地域の復興のために1947年から始まったガリオア資金（「占領地域救済政府資金」Government Appropriation for Relief in Occupied Area：GARIOA），途上国の復興にも使用された1949年のエロア資金（「占領地域経済復興資金」Economic Rehabilitation in Occupied Area Fund：EROA Fund）等が計画・設立された。

後者の復興課題である植民地諸国の政治的・経済的独立のために，特に，経済的自立のために求められたのが，先進国からの経済援助であり，経済開発政策であった。

第2次世界大戦後の2つの「対立」とは，旧ソ連を中心とした社会主義陣

営（東側）と，アメリカを中心とした資本主義陣営（西側）との政治・イデオロギー的・軍事的対立＝「東西対立」のことであり，もうひとつの対立とは，1959年，当時のロイド銀行総裁オリヴァー・フランクス[2]が初めて使用した，先進国（北側）と途上国（南側）との所得格差・経済格差を意味する南北問題＝「南北対立」だ。

彼は，世界の中心問題は，これまでの東西問題から南北問題に移ったのであり，それゆえ北側先進国は，南の世界＝低開発国の開発に対する援助を対外政策の要とすべきであると主張した。南北問題の本質は，南の国々は元々貧困であったわけではなく，発展の機会を奪われ，強制的に南北格差を生成・助長する世界経済体制の構造に組み入れられ，維持させられ，低開発化されてきたことにあると指摘した。南北問題とは，格差を生み出す関係・構造の問題ということだ（図2-1）。

彼の演説以降，世界では南北問題が東西問題と並んで早急に解決しなければならない課題となった。そして，途上国が貧困状態から脱却するために，開発経済学が生まれ，発展することになった。

こうした時代状況の中で，途上国の経済発展を経済史的・段階論的視角から解明しようとしたのが，ウォルト・ホイットマン・ロストウ（Walt

図2-1　戦後世界の2つの課題

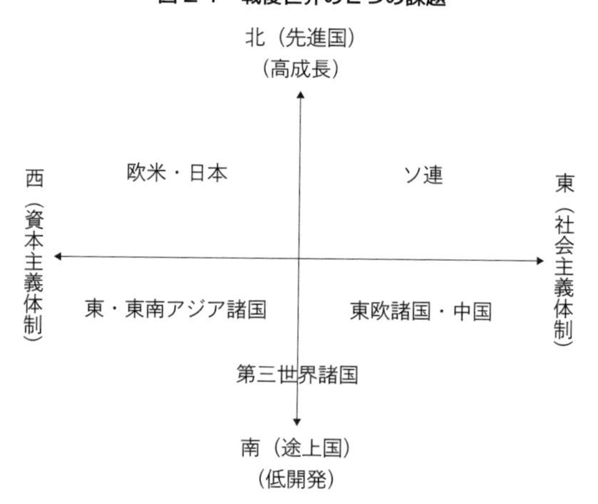

出典：筆者作成。

Whitman Rostow）の5段階成長論だ。

2．萌芽期の開発経済学

ロストウの5段階成長論を見る前に，開発経済学の出発点ともいえるウィリアム・アーサー・ルイス（Sir William Arthur Lewis）の二重経済モデルについてみていく。

二重経済モデルとは，途上国の経済構造は，伝統的な農業部門から余剰労働力を現代的な工業部門が吸収することで，工業化並びに持続的な発展が促されるという理論だ。伝統的な農業部門は労働集約型産業であり，低賃金や豊富な労働力，低生産性が特徴だ。

一方，現代的な工業部門は農業部門よりも賃金や生産力が高く，労働力に対する需要も大きい。その上，資本集約型産業では，投資や資本形成が行われる。この農工業部門間の賃金格差によって，余剰労働力は高賃金を求めて農業部門（農村）から工業部門（都市）へ流れる。そして，多くの労働者が農業部門から工業部門へと移動することで，福利厚生や生産性も改善される。

他方，工業化の過程で，都市部への労働者の移動により，農村における余剰労働力がゼロになる段階が訪れ（転換点），農業部門の賃金も上昇し，農業も発展していく。この転換点を超えると，工業部門においては，賃金上昇，労働力不足，インフレーションにより経済成長は鈍化する。この状況を克服し，その後も高い経済成長を遂げるために産業の高度化，イノベーション（技術革新）による生産性の増大が必要になり，経済は高度化していく，という考え方だ[3]。

ルイスの二重経済モデルは，途上国の経済成長の道筋を，農業部門と工業部門による有機的な関連から説明した点で，初期開発経済学と言われている。

しかし，農村から都市への人口移動という考えは，都市における大量の失業・半失業者を生み出すことを軽視し，労働人口の供給源としての農村の役割を過大評価している点，工業部門における完全雇用を前提にしている点など，途上国の経済社会状況の現実を直視していない点が問題視されている。

3．アメリカの世界戦略から生まれた開発経済学
─ロストウの5段階成長論

ロストウの5段階成長論とは，すべての社会は，経済発展において5つの段階のいずれかにある，というものだ[4]。経済発展には決まった段階があり，先進国はもちろん，途上国も時間が経つにつれ，経済発展を遂げるという発展史観だ。途上国が陥っている低開発状態は，単に経済成長の初期段階にあるという理解だ。

したがって，経済成長の遅れた段階にある途上国は，先進国からの援助と経済政策を模倣することによって成長が可能になると考えた。

5段階とは，伝統的社会→離陸のための先行条件→離陸→成熟のための前進→高度大衆消費社会である。以下では，ロストウの“*The Stages of Economic Growth: A Non-Communist Manifesto*”（『経済成長の諸段階――一つの非共産主義宣言』）を基に，5段階成長論を見ていく。

伝統的社会とは，生産性が自然の影響によって左右され，そのため1人当たり産出高には上限があり，農業が中心の社会のことだ。歴史的には，中国の諸王朝，中東および地中海文明，中世ヨーロッパ世界等がそれにあたる。

離陸のための先行条件とは，近代科学が発達した結果，生産性が飛躍的に向上した社会のことだ。17世紀の終わりから18世紀の初めにかけて，西ヨーロッパで発展したが，それは内発的・自発的に発生したものではなく，より進んだ社会から技術が流れ込み，その影響が伝統的社会を動揺させ，解体させることにつながった。

この時期には，企業家精神に富んだ人間が現れ，資金を調達するための制度や銀行のような金融機関が生まれ，投資が増大した時期でもある。さらに，中央集権的国民国家の建設が見られた時期でもある。

離陸とは，成長に対する障害や抵抗が克服された時期のことだ。経済成長を求める勢力が拡大し，社会を支配するようになった時期でもある。この時

期には，新しい工業が労働者に対する需要を増大させ，労働者の生活に必要な様々なサービスに対する需要も急速に増大する。また，その他の製品に対する需要の急速な増大などを通じて，都市の発展や近代的工業設備が拡大する。近代部門の拡大は，高い貯蓄を生むだけではなく，その貯蓄を近代部門に投資し，民間部門の拡大をも引き起こす。その結果，人々の所得の増加にも結びつく。経済は，これまで利用されてこなかった資源や生産方法を利用するようになる。

農業分野においても新技術が普及し，これらの技術を利用する農民の数も増加する。農業生産性の革命的増大こそ，離陸を成功させるための条件となる。近代化は，農業生産物需要を急激に増加させる。

成熟への前進は，離陸が始まってから，およそ60年後に到達する。成熟期とは，経済が近代技術を活用し，資源を有効に活用できるようになった段階のことだ。この段階に入ると，経済は，科学技術と企業によって，生産しようと思うものはたいてい生産できるようになる。科学技術と，それを利用した企業経営が全面的に開花する社会だ。

この時期には，成長によって，近代的技術が多くの経済分野に普及してゆく。その結果，国民所得の10〜20％が投資に回され，生産力は人口増加を上回る。技術が改良され，新しい産業が増加し，古い産業が脱落するという経済構造が変化する時期でもある。一国の経済は，世界経済に組み込まれ，それまで輸入されていた商品が国内で生産され，新たな輸入需要が生み出される一方，新たな輸出品が生産されるようになる。

高度大衆消費時代は，主導部門が耐久消費財とサービス部門からなる段階のことだ。この時代には，1人当たり所得が上昇し，衣食住を超える過消費が可能となると同時に，労働者のうち，事務労働者・熟練工場労働者の比率が増加する。さらに，福祉国家が出現する。

以上が，ロストウが考えた5段階成長論であるが，すべての国は，このいずれかの段階に属し，発展を経験するという。

5段階成長論の中で，特に重要な段階は，離陸だ。離陸が可能になれば，それ以降，各国は自らの力で次の段階，すなわち，さらなる経済発展を成

図 2-2　ロストウの5段階成長論

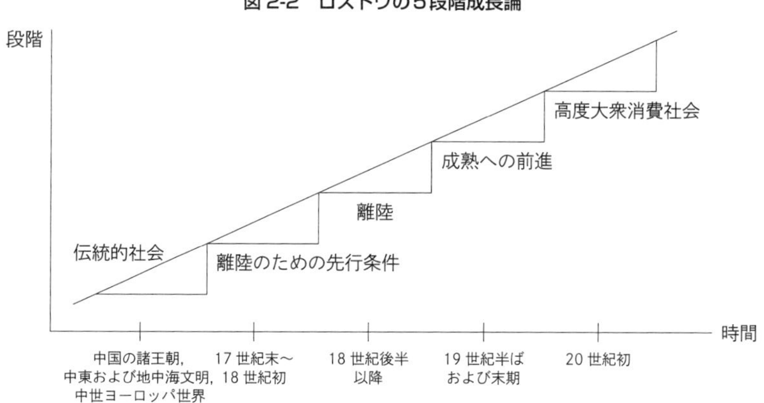

出典：W・W・ロストウ／木村健康・久保まち子・村上泰亮共訳『経済成長の諸段階——一つの非共産党宣言』より筆者作成。

し遂げることができるからだ。したがって，低開発状態にある途上国をいかに離陸させるかが経済開発を考えるうえで重要となり，そのための条件として，次の３つをすべて備える必要がある。

第１に，投資率が，国民所得の５～10％以上に上昇すること。第２に，かなりの力を持ったひとつないし，それ以上の製造業部門が高い成長率で発展すること。第３に，近代部門における拡張への衝動と，離陸のもつ潜在的外部経済効果を利用し，成長を後押しする政治的・社会的・制度的枠組みが存在しているか，あるいは出現することだ。

これらの条件のうち，第３の条件は，国内資源を資本として動員しうる強力な力の存在が必要だ。先進国の場合，国内貯蓄を効果的に動員できる能力が当初から存在し，高い貯蓄率を可能にしたが，途上国は国内貯蓄が不足している。これを充足させるためには先進国からの資本を導入（援助）する必要がある。

この先進国からの援助による途上国の経済成長こそ，トルーマンが提唱したポイント・フォー計画に合致するものであり，ロストウの５段階成長論が影響力を増大させた理由でもある。開発経済学の萌芽期を形作った（問題提起をした）概念，と言われる所以だ[5]。

また，『経済成長の諸段階』の副題が「一つの非共産主義宣言」と書かれていることからもわかるように，ロストウは，資本主義がやがて共産主義へと行き着くとするマルクス主義の発展段階説に対抗して，同書を執筆した。それは，第2次世界大戦後に拡大した社会主義に対し，アメリカ的民主主義を世界に広めようというアメリカの外交戦略に合致したものでもあった。

しかし，ロストウの5段階成長論には，いくつかの問題点が含まれている。第1に，なぜ，伝統的社会が低開発なのか，あるいは，なぜ伝統的社会は成長できない（しない）のかの説明が不十分だ。第2に，現在の段階から次の段階へ上昇する契機の説明が不明確だ。特に，低開発であるはずの伝統的社会にとって，どのような契機があれば離陸するのか，説明されていない。単に外部からの侵入では，説得力に欠けるであろう。第3に，各国の成長が単線的であるということだ。ロストウの5段階成長論によると，すべての国は時間の経過と共に，いずれ段階を経て経済成長することになるが，現実の世界経済を見れば，多くの途上国がいまだに，長きにわたって低開発や貧困状態から脱却することができず，苦しんでいる。その現実を無視して，いずれ経済成長するというのはあまりにも単線的かつ楽観的すぎる。第4に，先進国－後進国関係が所与のものとして前提されている。言い換えるならば，途上国が低開発に陥った原因（植民地支配による搾取・収奪構造）を見ず，単に成長段階の違いから各国の経済状況を説明している。

以上のように，ロストウの5段階成長論には，多くの問題が含まれているにもかかわらず，当時，大きな影響を与えたのは，前述したアメリカの世界戦略に合致していたからに他ならない。開発経済学は，その出自から政治的含意を伴って誕生したのである。

4．もうひとつの開発経済学──構造主義的アプローチ

ロストウの5段階成長論とは異なり，途上国の貧困問題を解決すべく，開発政策の立案に理論的・実証的基礎を提供するために登場したのが，構造主義的アプローチだ。構造主義とは，途上国経済は先進工業国の経済とは構造

的に異なっており，先進国が作った戦後の世界経済システムのもとでは，豊かな先進国と貧しい途上国との経済格差は，ますます増大することになる。特に，先進国との貿易が，途上国をますます不利な状況に追いやるという考えだ。

南北問題を世界経済システムとしてとらえ，途上国の経済状況を構造的に問題があるとして説明したのが構造主義的アプローチだ。それまでの先進国経済を分析するうえで活用された分析アプローチは，必ずしも途上国には当てはまらないため，途上国経済の構造問題に焦点をあてたアプローチが登場したということだ[6]。

構造主義的アプローチの代表的論者は，ラグナー・ヌルクセ（Ragnar Nurkse），ラウル・プレビッシュ（Raul Prebish），ハンス・ウォルター・シンガー（Hans Walter Singer）たちだ。彼らの議論は，「貧困の悪循環論」と「輸出ペシミズム論」に代表される。特に，ヌルクセの貧困の悪循環論は，供給制約下におかれた途上国の構造的な発展制約メカニズムを図式化した代表的な議論だ。ヌルクセによると，途上国は慢性的に資本が不足している。その結果，「貧しい国は貧しいがゆえに貧しい」という，貧困の悪循環が支配している。貧困の悪循環に陥っている途上国は，「低水準均衡の罠」から抜け出すことは容易ではない。途上国では，先進国にみられる市場メカニズムが十分に機能せず，そのまま市場にまかせていたのでは，経済成長は進まないと考える[7]。

したがって，途上国が，貧困の罠から脱出するためには，大きな後押しである「ビック・プッシュ」が必要となる。

輸出ペシミズム論は，途上国の主要輸出品である一次産品では，一国の経済成長は牽引できない。その結果，途上国が採用すべき開発戦略は，国内市場向け工業化＝輸入代替工業化ということになる。

プレビッシュとシンガーは，先進国と途上国の交易関係は，長期的には悪化すると主張した（交易条件長期悪化説）。これは，「プレビッシュ＝シンガー命題」と呼ばれるもので，この命題は，一次産品に対する世界需要の長期低迷と，交易条件の悪化という２つの要因に基づいた仮説だ。

シンガーによると，先進国における工業部門の技術革新による所得の増加は，生産者の利益となって顕在化するのに対し，途上国における食糧および原材料生産部門の技術革新は，たいていの場合，価格の低下による消費者の利益と結びついている。したがって，先進国と途上国との間で貿易が行われると，工業製品に対する一次産品の交易条件は悪化せざるを得ない。先進国は，一次産品の消費者かつ工業製品の生産者として二重の利益を得る（高価格製品を輸出し，低価格商品を輸入する）のに対し，途上国は一次産品の生産者かつ工業製品の消費者として二重の損失を被る（低価格製品を輸出し，高価格製品を輸入する）ことになる。先進国と途上国が貿易を通じて取引を続ければ続けるほど，途上国の利益は先進国へと移転されることになる[8]。

プレビッシュ＝シンガー命題が，注目された背景には，1964年にジュネーブで開催された第1回国連貿易開発会議（UNCTAD）における途上国の発言力の増大があった[9]。この会議で，事務局長を務めたプレビッシュは，『新しい貿易政策を求めて』（以下，プレビッシュ報告）と題する報告書を提出した[10]。

その主な内容は，⑴一次産品の輸出不振を解決する。そのために，商品協定を拡充して最低価格の決定，輸入割当，余剰処理などを行うとともに，先進国側は貿易障壁および内国税などの輸入制限的措置を漸次撤廃する。⑵低開発国の工業品輸出を促進する。そのために，先進国は原則として低開発国

図 2-3　先進国の二重の利益と途上国の二重の損失

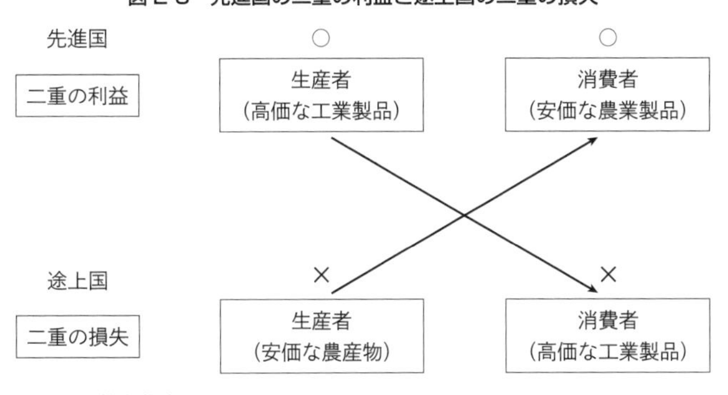

出典：筆者作成。

からのすべての製品輸入に特恵を与え，その期間を10年とし，例外措置は若干にとどめる。(3)交易条件悪化のための補償融資を行う。そのために，交易条件の悪化によって生じた損失を先進国は補償する必要がある。それは，過去の損失にもおよぶ，というものであった[11]。

さらに，プレビッシュは，既存の先進国に有利な世界貿易システムの是正も主張した。これらの議論は，多くの途上国の支持を得た。

それは1960年代が，途上国が声を上げ，大きな社会変革運動へと前進しようとしていた時期だったからだ。1960年は「アフリカの年」と言われるように，17のアフリカの国々が，一斉に独立を果たし，そのうちの16カ国が国連に加盟し，国際舞台での政治的発言力を増した年であった。また，前述したフランクスによる「南北問題」演説は，先進国にも途上国問題を考えさせるうえで，大きなきっかけとなった。

こうした状況の中で，アメリカ大統領ケネディは，1961年の国連総会において，新たに独立した国を含む世界各国が共に繁栄するために，国連加盟国および国連諸機関が協力することを強調し，1960年代を「国連開発の10年」と呼ぶことを提唱した。

アメリカの意図は，途上国の利益を考えて提唱したというよりは，東西冷戦構造の中で，社会主義陣営に対抗するために，できるだけ多くの途上国を西側に引き入れようとするものであったことは間違いないが，戦後世界のリーダーであるアメリカが，途上国の経済開発に関心を示したことは，他の西側先進諸国にも，南北問題に対して関心をもたらす契機になったことは否めない。

さらに1950年代に台頭した第三世界運動が，1960年代に入り，個別的な運動からG77のような集団的組織へと強化・発展し，国連や国際機関を舞台に，発言力を増していった時期とも重なった。

南北問題は，単に途上国の窮状を訴えるという段階から，国際的舞台で途上国が発言力を増し，いかに先進国に理解・協力させるかという新たな段階に移っていった[12]。

その途上国の発言・運動を理論的に後押ししたのが，構造主義的アプローチだった。

5．均衡成長論から不均衡成長論へ

途上国に対する先進国の対応・政策が，大きく変わろうとする中で，途上国内の貧困問題＝低開発状態に対する理解と，その克服のための経済政策に大きな影響を与えたのが，ヌルクセによる均衡成長論だ。

均衡成長論とは，市場の拡大は，資本の技術向上，生産性の向上によって可能となるが，それらを向上させるためには，市場を拡大し個々の投資誘因を増大させる必要がある。それは，国内のあらゆる部門を同時に発展させること＝均衡成長によってはじめて実現できる，という考え方だ。

ヌルクセによれば，途上国が低開発状態にある原因は市場の狭さにあり，市場の狭さによって引き起こされる困難とは，単独で生産活動を行う部門に，分散して投資が行われ，部門ごとの連関性がないため，非効率的な生産活動になっていることだ。この困難を克服するには，すべての産業に同時に投資をすればよい。それが，市場の全面的な拡大へとつながる。また，様々な産業に投資をすることで，多様性も生まれる。この多様性による経済成長こそ，均衡成長（balanced growth）だ[13]。

国内市場を拡大し，一国の生産水準を向上させ，悪循環を断ち切る方法こそ，「均衡成長」が目指すものであり，低所得層の生活水準の向上を究極の目標におき，各産業間のバランスに重きを置いた成長論といえる。

問題は，投資を喚起する＝潜在的貯蓄能力を生かすための最低限の貯蓄＝資本の存在だ。ヌルクセは，国内貯蓄を増大させるのに必要な生産性や所得の向上方法を，消費者行動における相互連関性に求めた。具体的には，国内における貯蓄行為だ。

では国内貯蓄の推進力は何か。それは途上国内の資本の存在だ。国内において資本が継続して拡大し続けるには，個人の投資活動が必要だ。人々の意欲ほど重大なものはない。ここから資本形成論が生まれた。

資本形成論は，国内の貯蓄不足を対外援助によって賄うとしたロストウの考え方とは，相反するものだ。貯蓄能力の向上＝資本形成という考えは，途上国が経済開発をしていく上で資本の源泉をどこに求めるかを考えるうえで，大きな論点となった。

均衡成長論に対して，ラ・ミント（Hla Myint），アルバート・オットー・ハーシュマン（Albert Otto Hirschman）などは「不均衡成長論」を提唱した。

ハーシュマンは，成長とは，経済の先導的部門から後続的部門へ，一産業から他産業へ，一企業から他企業へと伝播する連鎖の過程だと説明する。均衡成長と考えるものも，ある部門に他の部門が追いつくといった一連の不均衡成長の結果である。もし，ある部門が他の部門を追い越すならば，それが，さらに成長を引き起こす契機になる。このようなシーソー的成長こそ，投資決意を誘発する要因であり，希少資源を節約することもできる。不均衡状態が生じた場合は，政府等によって矯正政策が採られる[14]。

競争経済の下では，利益と損失と考えられる不均衡状態を除去するのではなく，それを生かすことが重要だ。経済を前進させるためには，緊張，不釣り合い，不均衡を維持することが経済政策の任務だ。「均衡離脱的」継起こそが理想的な成長の姿だ。すべての運動は，不均衡から誘発されたものであり，それがさらに新しい不均衡を生み出し，いっそうの経済活動を誘発するからだ[15]。

不均衡成長は新たな誘発投資をもたらす。この誘発投資こそ，途上国にとって重要なのだ。不均衡成長によって誘発された投資は，低開発経済を転換させるのに役立つからだ[16]。途上国においては，不均衡成長こそが経済成長をもたらす手段だ。

さらに，ハーシュマンの不均衡成長論を有名にしたのが，「トリクル・ダウン効果（Trickle-Down Effects）」だ。トリクル・ダウン効果とは，ひとたび経済成長が定着すると，先進地域（経済成長が進んだ地域）の成長の効果が，後進地域（経済成長が遅れた地域）に波及するという考え方だ。この考えは，今日のすべての資本主義国が，意識的か無意識的かは別にして，経済政策を立案する上でよってたつ考え方だ。

現在の開発途上国，特に，NIEs，ASEAN，中国などの経済開発を見ると，不均衡成長論に基づいた経済政策が展開されている。不均衡成長論は，高成長を遂げたアジア諸国の経済政策であり，トリクル・ダウン効果の有効性を証明したモデルともいえる。

6．均衡成長論と不均衡成長論の帰結

1960年代までの開発経済学は，途上国の貧困問題を解決すべく，様々な理論が誕生し，経済政策に大きな影響を与えてきた。それにもかかわらず，いまだ低開発で苦しむ国が多数存在したのは，経済開発の複雑さ・困難さはあるものの，開発経済学が十分に有効な理論・政策を確立・実行できていなかったからだ。

開発経済学の分析アプローチは，欧米を中心とした先進国で形成された。その価値観を異質な世界＝途上国に当てはめようとしてきた[17]。それは途上国がもつ固有性・特殊性を無視し，途上国もいずれ先進国経済と同じ歴史過程をたどると考え，現在はまだ，時期・段階が異なるだけと考えていたからだ。ロストウ理論がまさにその典型だ。先進国においても，国ごとに成長してきた過程が異なるように，途上国は，さらに異なる成長過程を経験していると考えるべきだ。

したがって，先進国で適用可能な理論的・政策的アプローチを，途上国にそのまま適用するには無理がある。構造主義は，こうした先進国によって定立された経済理論の問題点を克服するために，途上国の立場に立って解決しようとして誕生した。

均衡成長論と不均衡成長論という異なる2つの開発理論が並存した状況で，途上国では，均衡成長論に基づく経済政策が急速に拡大・浸透した。それは，農業生産中心の途上国が経済成長するには，農業部門と工業部門の均衡による経済成長こそ唯一の政策とみなされたからだ。

当時の先進国は，効率的な投資によって戦後復興を成し遂げた。それは不均衡成長理論が有効であったことを証明するものでもあった。しかし，途上

国では，農業部門と工業部門の同時成長という均衡理論が受け入れられた。その帰結は，非効率な投資行動＝低開発状態の継続という事態を招き，その後も長く低開発状態が続くことになった。

途上国で，均衡成長論が受け入れられたのは，経済的側面以上に，政治的側面が強かった。というのも，第2次世界大戦後の世界経済・貿易体制＝IMF・GATT体制[18]は，先進国主導によって形成されたものであり，先進国にとって有利で途上国にとって不利な経済・貿易体制と考えられたからだ。IMF・GATT体制とは，先進国による経済支配を通じた新たな途上国支配＝「新植民地主義」ではないかという疑念を途上国にもたせたからだ[19]。

そのため途上国は，既存の経済・貿易体制の修正を求め始めた。途上国が多数をしめる国連という国際舞台で先進国に途上国の窮状を訴え，不均衡な貿易体制の解決と，開発するために必要な資金の調達を先進国に要求した。それが，1964年に開催された第1回国連貿易開発会議だ。

この会議において，途上国は団結して先進国に対し，「援助より新たな貿易を」と主張し，現行の世界経済システムの変更を求めた[20]。

国際舞台での途上国の政治的発言力の増大は，彼らに自信と誇りを与え，彼らが考える経済理論も適用するものと考えた。それが均衡成長論だ。先進国では不均衡成長論が優位に立ち，実践されたにもかかわらず，途上国では均衡成長論が広く受け入れられたが，結果は低開発状態が続くことになった。

1960年代は，途上国にとって，明るい未来と希望に満ちた時代であり，政治的発言力の増大を背景に，自らが信じる経済政策にまい進していくことになったが，結果は南北格差を拡大させるものとなった。

注

1　鳥居泰彦（1993）「経済発展理論の系譜と新潮流」大蔵省財政金融研究所『フィナンシャル・レビュー』27号，7頁。

2　オリバー・フランクスはロイド銀行総裁だけではなく，駐米イギリス大使，学者，教育者，政府高官，ヨーロッパ経済共同体立案者等多彩な履歴を有している。

3　アーサー・ルイス著／原田三喜雄訳（1981）『国際経済秩序の進展』東洋経済，129-140頁。

4　W. W. ロストウ著／木村健康・久保まち子・村上泰亮訳（1961）『経済成長の諸段階――一つの非共産主義宣言』ダイヤモンド社，7頁（Rostow, W. W. (1960), The Stages of Economic

Growth: A Non-Communist Manifesto, Cambridge University Press.)。

5 ロストウの議論はそれまでの経済発展論（古典派・新古典派経済学の主要課題）の延長線上の上で，途上国も含めて議論したものであり，途上国の貧困解決＝経済開発に主眼をおいて理論体系化した分析アプローチではない。しかし，狭義の意味では開発経済学の出発点になったと言えるだろう。

6 鳥居，前掲書，8頁。

7 外務省経済協力局（2001）『平成12年度　経済協力評価報告書（各論）』186-187頁。

8 同上書，186頁。

9 UNCTADとは，開発途上国の経済的困難が国際的な協力によって解決されない限り，世界の平和や繁栄もあり得ないとの考えのもと，開発途上国が1962年7月にエジプトのカイロに集まり，貿易と開発に関する会議の開催を求める「カイロ宣言」を採択した。次いで，同年8月に第34回国連経済社会理事会で上記の会議開催を支持する決議が採択され，同年秋の第17回国連総会では上記議題を支持する決議第1785号が採択された。この決議に基づき，経済社会理事会およびその準備委員会での審議を経て，UNCTADが1964年3月から3カ月にわたってジュネーブで開催された。

10 外務省経済協力局，前掲書，186-187頁。

11 通産省（1965）『昭和40年版　通商白書総論』165-166頁。

12 拙著（1998）『アジア経済論』中央経済社，13-14頁。

13 Nurkse, R. (1953), *Problems of Capital Formation in Underdeveloped Countries*, Basil Blackwell and Mott Ltd., Oxford.（土屋六郎訳『後進諸国の資本形成　改訳版』厳松堂出版，1966年，18頁。）

14 Hirschman, A. O. (1958), *The Strategy of Economic Development*, Yale University Press.（小島清監修／麻田四郎訳『経済発展の戦略』厳松堂，1961年，110-112頁。）

15 同上訳書，117頁。

16 同上訳書，122-123頁。

17 杉谷滋（1978）『開発経済学再考　南北問題と開発途上国経済』東洋経済新報社，10頁。

18 IMF・GATT体制とは，1945年に設立された第2次世界大戦後の国際通貨体制の安定を目的に設立されたIMF（国際通貨基金：International Monetary Fund）と，1947年に調印された自由貿易を目指すGATT（関税および貿易に関する一般協定：General Agreement on Tariffs and Trade）を両輪とした戦後の世界貿易体制を指す。

19 杉谷，前掲書，3頁。

20 同上書，3頁。

第3章
分岐していく開発経済学

1．世界同時不況と第三世界運動

1970年代は，1973年と1978年の二度にわたる石油危機，国際収支不均衡の拡大およびスタグフレーションといった多くの困難に直面した。戦後，唯一の大国となったアメリカは強いドルを背景に，西側先進国への援助や貿易を活性化することで，世界中にドルを撒布した。その結果，強いドル＝ドル高政策は，アメリカの貿易収支赤字を拡大させた。1960年代に入り，日欧諸国は戦後復興を果たす一方，アメリカは貿易収支の赤字により，その地位を相対的に低下させていった。

中東地域では，アラブ諸国とイスラエルとの間で軍事的対立が繰り返され，ついに戦争にまで発展し，石油価格の高騰＝石油危機を引き起こした。

途上国においては，1970年に中南米諸国がリマ宣言を発表し，海洋への主権または管轄権を決定する権利を主張した。1974年には，石油産出国の発言力増大を背景に，NIEOが国連資源特別総会で採択された。この宣言は，途上国の富や天然資源および経済活動に対する恒久的主権の確立，多国籍企業の監視と規制，開発途上国に不利な交易条件の改善などを要求した。

1960年代の第三世界運動の特徴は，先進国からの経済協力・援助を強く求め，天然資源を武器に，先進国に譲歩を迫る資源ナショナリズムが台頭した。その結果，途上国の発言力がいつにもまして高揚した時代でもあった。

第三世界運動の台頭，従来の経済開発に対する疑念から1970年代に新たな価値観を持った開発経済学が台頭した。

2.「成長の限界」のインパクト

1960年代までの先進国の急速な工業化は，公害問題の顕在化や南北問題の拡大など，様々な問題が噴出していた。特に，先進国の工業化の過程で発生した環境問題は，それまでの経済開発の在り方に疑問をいだかせた。

1972年，危機を迎えつつある地球環境に対し，ローマ・クラブのドネラ・H・メドウズ（Donella H. Meadows）らによって『成長の限界』（*The Limited of Growth*）が発表された。それによると，

① 世界人口，工業化，汚染，食糧生産および資源を現在のまま使用して成長し続けるならば，100年以内に地球上の成長は限界に達する。最も想定しうる出来事は，人口と工業化の突然の制御不可能な減少だ。

② 現在の成長の趨勢を変更し，将来長期にわたって持続可能な生態学的ならびに経済的安定性を打ち立てることは可能だ。全般的な均衡状態にするには，地球上のすべての人の基本的な物質的必要が満たされ，すべての人が人間的な能力を実現する平等な機会を持つように設計することが必要だ。

③ もし世界中の人々が①の結末ではなく，②の結末になるように努力しようと決意するならば，それを達成するための行動は，早ければ早いほど，成功する機会は大きくなるだろう，と結論づけた[1]。

この結論を達成するためには，10の行動原理が必要であると訴えた。

① 世界環境の量的限界と過度の成長による悲劇的結末を認識することは，人間の行動，さらには現在の社会の全体的構造を根本的に変えるような新しい形の思考を始めるために不可欠のものであることを確信する。

② 世界における人口圧力は，現在すでに憂うべき状態に達しており，その分布は不均衡だ。こうした状況からいっても，人類は地球上の均衡状態を追求する必要がある。

③ 多くの開発途上国が，先進国に比して絶対的にもまた相対的にも向上

する場合にのみ，世界の均衡が実現されるものだということを認識することだ。

④ 世界的な開発問題は，他の世界的な問題に極めて密接に関連しているので，特に人間とその環境の問題を含むすべての主要な問題を解決するための全般的な戦略に転換しなければならない。

⑤ 複雑な世界の問題は，多くの定量化できない要素を含んでいることを認識させる。この報告で用いられている，すぐれて定量的接近方法は，問題の作用の仕方を理解するために欠くことのできない道具だ。

⑥ 我々は，現在不均衡にあり，かつ危険な方向に向かって悪化しつつある世界の状況を，早急かつ根本的に是正することが，人類が直面している基本的課題であると確信している。

⑦ この努力は，我々の世代に対する挑戦であり，次世代にゆだねることはできない。この努力は，断固として直ちに始めなければならず，また重要な方向転換が，この10年の間に達成されなければならない。

⑧ 人類がもし新しい針路に向かって踏み出すとすれば，前例のないほどの規模と範囲での一致した国際的な行動と共同の長期計画が必要となる。

⑨ 我々は，世界の人口増加と経済成長の悪循環にブレーキをかけることが，世界中の国の経済発展の現状を凍結してしまう結果をもたらしてはならない。

⑩ 最後に，偶然もしくは破局によってではなく，計画的な方法によって，合理的かつ永続的な均衡状態に達しようとする意図的な試みは，結局，個人，国家，世界の各レベルでの価値観や目標の根本的な変更を基礎としなければならない[2]。

『成長の限界』が世界に与えた衝撃は，それまで唯一の成長の手段と考えられてきた大量生産・大量消費による工業化の限界を示したことと，この成長を持続していけば，悲劇的結末をもたらすという点であった。成長の限界が成長率を減退させるだけではなく，人口爆発が食糧不足と環境破壊を加速させ，それは修復不可能なものになってしまうという主張は，その後多くの論争を巻き起こすことになる（図 3-1）[3]。

それまで，大量生産・大量消費型の工業化モデルこそ，先進国はもちろん，途上国の貧困を解決する唯一のアプローチと信じられていた。しかし，その成長至上主義がもたらす負の側面――環境破壊，人口増大，食糧危機，南北問題――に焦点を当てたこの報告書は，大きなインパクトを与えた。

1972 年に，国連人間環境会議が 6 月 5 日から 2 週間にわたってスウェーデンのストックホルムで開催された。国連人間環境会議が開催されるに至った背景は，第 1 に，1950 年代，60 年代の急速な経済開発に対する懸念だ。先進国では飛躍的な経済成長に伴って，排ガス，廃水，廃棄物が飛躍的に増大し，かつて無限と考えられていた化石燃料や森林などの自然資源が大量に使用され，再生能力を超えるまで収奪されることで，その限界が認識されるようになった。第 2 は地球を「宇宙船地球号」ととらえる考えだ。人口，天然資源など，地球上のあらゆる要素が複雑に相互に依存しており，有限かつ

図 3-1　成長の限界モデル

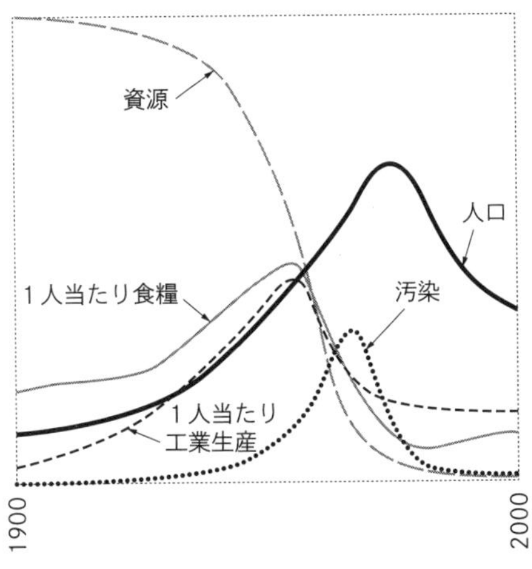

出典：D. メドウズ，D. L. メドウズ，J. ラーメンダズ，W. W. ベアランズ 3 世著／大来佐武郎監訳（1972）『成長の限界』ダイヤモンド社，105 頁。

一体のものとして，地球をひとつの宇宙船にたとえ，世界が協力してこれを守っていかなければならないと考えるようになった。第3は，開発途上国における環境問題の顕在化・悪化だ。

『成長の限界』が，国連人間環境会議直前に発表されたこともあり，地球という有限な世界の中で，経済成長の行く着く先がひとつの悲劇的結末を迎えるとしたモデルは，世界中に大きな衝撃を与えた[4]。

『成長の限界』や国連人間環境会議から得られた教訓は，戦後の工業化＝経済成長は経済外的問題＝人口爆発，環境破壊，環境制約などによって，工業化＝経済成長が頓挫しうる可能性が大きいということだ。これは，工業化と経済外的問題は別々のものではなく，量的成長のみを追求した工業化が引き起こした問題ということだ。

今まで，理想とされてきた成長モデルに対する警鐘は，新たな経済成長モデルの必要性を，多くの国際機関，政府，研究者等に突きつけることになった。

3．新たな開発政策──BHN アプローチ

従来の開発政策は，国家によるマクロ経済政策に重点が置かれてきたが，貧困層，労働者などの社会的弱者に焦点を当てて経済開発を模索する動きが登場した。1970 年代に ILO（国際労働機関）および世界銀行が，雇用・貧困・所得分配問題に着目し，それを開発目的とする Basic Human Needs（BHN：人間の基本的な要求）という考え方を提唱した。

1976 年に開催された世界雇用会議において，雇用の促進と BHN の充足の双方に高い優先順位をつける開発戦略が採用されるべきであると提言された。BHN とは，社会が最貧層の人々に設定すべきミニマムな生活水準をさす。

BHN とは，(1)私的消費用の一定のミニマムな要求を満たすこと。すなわち，十分な食料，家屋，衣料，および一定の家庭に必要な設備とサービスの充足。(2)社会によって，また社会のために提供される基礎的なサービス──

安全な飲料水，衛生，公共運送，健康サービス，および教育サービスなど——の充足。(3)働く能力と意志をもつ個人に，十分に報酬のある仕事を保証すること。(4)より質の高いニーズの充足。すなわち，健康で，人間的な，満足しうる環境の充足と，人々の生活と個人の自由に影響を与える意思決定過程への人々の参加の条件を整えることだ。

以上の目的を達成するためには，(1)経済成長を加速させる。(2)成長の在り方は，貧困層が生産的資源にアクセスできるように作り直す。そのために資産の再分配のための制度改革を行う。(3)政策決定過程への貧困層の参加と，開発における女性の役割が重要であること。(4)このプログラムが成功するためには，国際的な支持・協力が不可欠であるという認識が求められた。

この考えに対し，世界銀行もBHNの概念を採用し，BHNへの援助を行うようになった。BHNへの援助の対象として，栄養，健康，教育，水と衛生，住居の5分野が提案された。

これまで，開発経済学が重視してきたのは，国家レベルでの貧困問題だ。それに対しBHNアプローチは，「貧しい人々（絶対的貧困層）」という，国民一人ひとりに焦点を当てたところに特徴がある。それによって，開発と貧困の間に横たわるギャップ（＝国家が発展しても貧しい人々は生まれる）を明るみに出そうとした。貧困層をターゲットにした開発戦略が，BHNという新たなアプローチの特徴だ[5]。

4．貧困層をターゲットにしたBHNアプローチ

BHNアプローチは，国民一人ひとりが最低限の衣食住を満たせるための生活水準を保証し，社会生活にとって不可欠な公共サービス（公衆衛生，飲料水など）を提供し，人々が自己に影響を及ぼす意思決定過程に参加できるようにし，基本的人権の保障，雇用，急速な経済成長率，労働条件の質の改善などを図ることを目的としている。

基本的ニーズを充足させるための具体的政策としては，地域・国家全体の経済成長を速め，所得の増加および再分配によって貧困層の所得を高めるこ

とだ。

世界雇用会議では，BHN を達成するために，2000 年までに最貧困層の基本的ニーズを充足することを目標とする基本的ニーズ戦略が提案された[6]。

多くの開発途上国における過去の開発戦略が，貧困および失業の撲滅につながらなかったという反省の上に，農村および都市の非近代的部門における不完全就業や失業を解決し，完全雇用および適切な所得を確保するために，国内および国際的な開発戦略の転換が必要であると考えた。

不完全就業，失業，貧困，栄養不良および未就学の原因は，第1に，国内的および国際的要因によってもたらされる。第2に，国際的要因としては，世界経済の循環的および構造的不均衡によって，開発途上国の状態が悪化したことにある。その解決のためには，完全雇用の達成および世界中の人々の基本的ニーズの充足がなされなければならない。そのためには，完全かつ生産的な雇用を促進し，貧困を撲滅するための適切な戦略による，所得および富の公平な分配の実現を求めることが必要だ。しかし，それらを達成するためには，多くの阻害要因が存在する。それは以下のような要因だ。

ひとつ目は，多くの人々が失業，不完全就業状態におかれていることだ。地球全体の少なくとも3分の1が失業または不完全就業状態に置かれている。そのため，人間の尊厳が犯され，労働する権利が阻害されている。2つ目は，この間の先進国の経済開発の経験は，国内総生産の増大が多くの国にとって，貧困および不公平を減少させることなく，雇用を生み出すこともなかったことを明らかにした。3つ目は，開発途上国において不均衡を拡大させた結果，増加した非近代的都市部門の存在，また農村の雇用機会の慢性的不足は，労働市場を圧迫し輸出部門拡大に反し，地域経済を停滞させた。4つ目は，途上国の主な製品輸出が，原材料，半製品および労働集約的な製造業製品である一方，輸入は資本集約的な工業製品が占めるという，不均衡な国際分業体制の拡大だ[7]。

こうした阻害要因を除去し，途上国が成長するためにも，BHN アプローチが求められた。

BHN を達成するための「行動プログラム」が作成されたが、それは，次の5点からなる。

① 戦略および国内開発計画・政策は，雇用の促進および各国国民の基本的ニーズの充足を優先目的として明確に含むべきである。

② この行動プログラムにおいて理解される基本的ニーズは，2つの要素を含むべきである。第1に，家族の個人消費の一定の最低必要物，すなわち，適当な食糧，住居および衣服ならびに一定の家庭用品および家具を含む。第2に，社会全体により，かつ，社会全体のために供給される不可欠なサービス，例えば安全な飲料水，公衆衛生，公共輸送並びに保健，教育および文化施設を含む。

③ 基本的ニーズ政策は，人々に影響を与える意思決定に，彼らの選好する団体を通じて参加することを含む。

④ すべての国において，自由に選択された雇用は，手段および目的の双方において，基本的ニーズ政策に加えるべきである。雇用は，労働者に所得を与え，自尊心，尊厳および社会の価値ある一員であるとの自覚を与える。

⑤ 基本的ニーズの概念は，各国ごとに特殊な活動的な概念であることを認識すべきである。基本的ニーズの概念は，国家の全体的な経済・社会発展の関連の中におかれるべきである。基本的ニーズの概念は，いかなる状況にあっても，生存のための最低限の必需品のみを意味するだけではない。基本的ニーズの概念は，民族の独立，個人および人民の尊厳並びにその運命を支障なく計画する自由との関連の中に置かれるべきであ

表3-1 BHNへの阻害要因と行動プログラム

阻害要因	行動プログラム
① 失業・不完全就業	① BHNを前提とした開発計画
② 貧困解決に結びつかない経済成長	② 個人と社会における基本的ニーズの充足
③ 貧困問題に対する国際的認識の相違	③ 各団体を通した意思決定への参加
④ 都市と農村の格差	④ 社会の一員であることを自覚できる雇用
⑤ 不均衡な貿易環境	⑤ 各国ごとに異なるBHNの尊重

出典：筆者作成。

る[8]。

世界雇用会議は，BHN アプローチを達成するために，途上国で雇用を創出し，基本的ニーズを実現するための戦略および政策，マクロ経済政策，雇用政策，農村部門の政策，社会政策，組織団体の参加，教育，人口政策，国際経済協力，勧告の 10 項目をたて，計 34 の提言を行った。

5．BHN のメカニズム

BHN アプローチは，従来の開発政策が，マクロ経済モデルに沿って工業部門内部に主導産業を育成し，そこに先進国の技術を導入・移転し，資金も重点的に投資することによって，高い経済成長を実現し，その過程で増大した国民所得をすべての階層に分配しようとしたのに対し，社会の最底辺にいる貧しい人々の持つ潜在的な能力を引き出し，それに依拠して経済成長を図ろうとするところに特徴がある[9]。

そのために，都市と農村にターゲットグループ（絶対的貧困層）を見定め，そのグループの生産・生活両面における基盤整備を目標とした。BHN アプローチが，絶対的貧困層に焦点を当てたのは，彼らを絶対的貧困状態から救うためだ。また，都市や農村の貧しい人々が貧しい理由は，社会的制約によって，彼らの潜在能力の発現が妨げられているからだ。政府の政策が，貧困層に向けられた時，彼らは，経済的に自立し，経済開発の一大起動力になると考えたからでもある[10]。

BHN アプローチの目的は，第 1 に雇用の創出，資産の再分配，生産性向上を通して，絶対的貧困層の所得を引き上げること。第 2 に，栄養，保健，教育，住宅，給水のような中核的な基本的ニーズについて，設定した目標を達成するために直接貢献すること。第 3 に，低所得層が自らの所得で購入し，または公共部門や地方団体が提供する基礎的公共サービスの恩恵に預かること。第 4 に，地方分権，意思決定過程への参加，自力更生を助けることにある。

そのために，開発計画は，都市と農村のターゲットグループを確定し，そのグループの生産・生活両面における基盤整備を目標にたてる。生産と生活両面の改善が実現されれば，絶対的貧困層の自立の道が開かれ，貧困層の自力更生と国内の所得分配の是正が実現できると考えた[11]。

BHNアプローチが達成されるには，国家の開発計画が地域の実情を把握し，権力を地方に分権化し，絶対的貧困層が地域の開発計画に積極的に参加することが重要である。

したがって，BHNの開発政策と福祉政策の相違を明確に認識する必要がある。BHNアプローチは，福祉政策ではなく，貧困層への就業機会の創出，資産の再分配，労働生産性の上昇などを通して彼らの所得を引き上げ，自らの力で生活できるように手助けすることに重点が置かれている[12]。

絶対的貧困層に福祉的援助を施すだけでは，一時的に生活は潤うかもしれないが，長期的には窮乏状態から脱出することはできない。重要なのは，彼らが自ら所得を得る手段を獲得することだ。そのためには，誰をその窮状から救うのか，具体的に抽出しなければならない（ターゲットグループの設定)。この点が，BHNアプローチが福祉政策と異なる点だ。

6．拡大するBHNアプローチ

1970年代にBHNアプローチは，世界中に拡散していくことになる。それには2つの国際機関・国が果たした役割が大きい。ひとつは，世界銀行であり，もうひとつはアメリカだ[13]。

世界銀行は，1973年にマクナマラ総裁が，総会で演説し，「絶対的貧困とは基本的人間の必要性の犠牲の上に，疾病，文盲，栄養不良によっておとしめられた生の状態と，その犠牲者の基本的人間のニーズを否定する不潔な状態のことである」と指摘し，「貧困との戦争」を訴えた[14]。

アメリカにおいても1973年に，「対外援助法」を改正し，基本的ニーズ項目を始めて明示すると共に，二国間開発援助の中で，基本的ニーズへの援助の強化を決定した[15]。この対外援助法は，「新路線（New Direction)」と呼ばれた。この新路線による援助は，開発途上国の人々に欠けている基本的な人間の欲求（＝Basic Human Needs）を満たすことに重点を置いた。それは，従来の援助のように，開発途上国の富裕層を援助するのではなく，貧困層に直接援助が届くように行うという意味で「貧困者直轄方式（Poor Targetting Approach)」と呼ばれた[16]。

BNH アプローチに沿った政策は，アメリカにおいては，その後もリチャード・ミルハウス・ニクソン（Richard Milhous Nixon），ジェラルド・ルドルフ・フォード・ジュニア（Gerald Rudolph "Jerry" Ford, Jr），ジミー・カーター（Jimmy Carter）と3代の政権によって継承された。

特に，カーター政権は，BHN の援助政策と人権外交を結びつけた。それにより，援助の基準が，当該国が人権抑圧国か否かによって決められることになった。BHN 援助の内容として注意すべき点として，①BHN 援助は全くの新しい援助ではなく，援助の重点が国家・富裕層からターゲットグループに移行したと捉える，②貧困問題は，開発途上国が抱える諸問題の内のひとつにすぎず，政策の実施にあたっては，BHN だけにしか援助をしないのではなく，柔軟に対応する，③貧困層への直接のサービスの提供は，その分だけ生産部門の拡大を減らすことになりかねないので，当該国が自己の財源で賄える範囲にとどめるとした[17]。

1976 年には，ILO が基本的ニーズを充足させるための，「原則の宣言」と「行動計画」を採択した。それは，開発援助を通した貧困解決ではなく，絶対的貧困層に対する基本的ニーズの提供と，そのための雇用創出という新しい開発戦略に転換したことを意味する。

しかし，1977 年に，カーター政権が BHN の援助政策と人権外交を結びつけて，人権抑圧国に対する経済援助制限政策を打ち出し，OECD の DAC（Development Assistance Committee：開発援助委員会）の上級会議が，BHN 援助を 1980 年代の基本政策に据える決定を行うと，開発途上国は一斉に BHN アプローチを批判し始めるようになった。

批判の内容は，第1に，先進国が NIEO に消極的に対応しながら，他方では BHN 援助を進めるのは，BHN アプローチを NIEO への代案として利用するものだということ。第2に，先進国による開発援助が，低水準で推移している現状で，BHN援助を行うということは，結局は，絶対的貧困層の多い最貧国に援助を集中することになり，それ以外の途上国への援助の打ち切りにつながりかねない可能性があるということ。第3に，個々の開発途上国の工業化計画に対して，BHN援助を提供することは，特定の価値判断（貧困撲滅を最重要課題とする）を持ち込むものであり，これは途上国に対する内政干渉にあたり，結果的には開発途上国の経済成長を減退させる，というものであった[18]。

こうした批判は，1979年に77カ国グループ（通称G77）が結集して開催されたアルーシャ会議で，「人間の基本的ニーズの充足および大衆的貧困の撲滅は，経済的社会的発展において高い優先順位を与えられるべきではあるが，この目標が，全面的かつ包括的な経済発展とNIEOの確立なくして達成しうると考えるのは，誤謬であり容認し得ないものである」と採択したように，途上国は国際会議の場で，BHNアプローチを公然と批判し始めた[19]。

既存の世界経済体制＝ブレトンウッズ体制を維持しながら，開発途上国の貧困問題を効果的（少ない費用で）に解決しようとする先進国と，NIEOの構築を全面に掲げ，有利な国際環境の下で工業化戦略を展開しようとする開発途上国との間で，BHNの扱いを巡って激しい対立が繰り広げられることとなった[20]。

1970年代においてBHNをめぐる激しい論争も，1980年代に入ると，急速に終焉することとなった。それは，BHN援助を人権外交と結びつけてきたカーター政権に代わり，1981年にロナルド・ウィルソン・レーガン（Ronald Wilson Reagan）政権が登場したからだ。レーガン政権は，カーター政権時代に行ってきた国際機関を通した多角的援助から，二国間援助に切り替え，その二国間援助についても，アメリカにとって安全保障上重要な地域・国（エジプト，イスラエル，エルサルバドルなど）に対する経済援助にシフトした。また，経済援助よりは軍事援助に力を注ぎ始めた。

世界銀行も，マクナマラに代わって総裁に就任したアルデン・ウィンシップ・クローセン（Alden Winship Clausen）が，融資ペースを落としただけではなく，開発途上国支援については，民間資本を活用する政策へと転換した。民間資本の活用とは，出資企業や出資銀行の採算に合うプロジェクトにしか資金を回さないことを意味し，これはBHNアプローチが目指す，貧困撲滅とは必ずしも合致しなかった。

こうしてBHNアプローチは，その資金の出し手であるアメリカや世界銀行の方針転換により，先進国は手を引き，開発途上国からは批判され続けることによって，終焉せざるを得なくなった[21]。

しかし，BHNが目指した理念は，その後も途上国の経済開発を考える際に，必ずと言っていいほど取り入れられた。

『世界開発報告　1990年』は，30年間にわたり発展途上国が経済開発と福祉の改善を目指してきたが，今なお10億人以上の人々が貧困のなかにあるとし，継続的な貧困克服対策として，第1に貧困層が最も潤沢に有する資産である労働力を生産的に利用すること，第2に貧困層に基礎的な社会サービスを提供することを提唱した。UNDPも『人間開発報告　1990年』の中で，貧困とは個人の基礎的ケイパビリティが欠如している状態のことであり，開発とは個人のケイパビリティの拡大を意味する。貧困は所得水準だけで判断できない複合的な現象であり，貧困対策も多面的かつ包括的なアプローチが必要であると指摘した[22]。

BHNは，今日もなお，途上国の貧困問題の解決を考えるうえで，重要な概念として位置づけられている。

7．BHNアプローチの意義と限界

1980年代に，急速にその影響力を喪失していったBHNアプローチの意義は何か。シンガーによると次の3点だ。

① 貧困を減少，根絶するという消極的な概念を，BHNを満足させることで，積極的で操作可能な概念に置き換えた。

② 貧困を所得という単なる貨幣的な観点による定義から，カロリー摂取，教育へのアクセスといった，具体的な物的ニーズの観点による定義

に置き換えた。

③ BHN は財とサービスに限定されるものではなく，健康，教育，衛生，運輸，水へのアクセスをも含むという意味で，貧困の縮小という考え方よりも優れている[23]。

貧困問題の解決の本質とは，決して物がない状態を改善するだけではなく，人が生きていくのに必要な生活環境・条件を整えることにある，というように量的充足から質的改善に置き換えたことにある。これは，現在の SDGs にも通じる考え方だ。これが，BHN の大きな成果だ。

他方，ポール・ストリーテン（Paul Streeten）らは，BHN の限界として以下の 3 点を上げた。

① 農産物価格の上昇や労働集約的技術の導入といった手段は，時として意図された結果を伴わなかった。それどころか，最終的には当初の所得分配と権力の分配を維持することにつながった。

② 貧困層のための社会サービスが無視された。

③ 経済を強調するあまり，政策の最終目標が失われた。重要なことは単に物的な貧困を撲滅することではなく，すべての人々のもてる潜在能力を十分に開発できるような機会を作り出すことだ[24]。

BHN は，低所得層の窮状を救うための環境を整えることに主眼を置いたが，それは時として福祉政策の様相を帯び，彼らが自立するのに結びつかなかった。

こうした限界を抱えながらも，BHN アプローチは，1990 年代になると，「人間開発」概念に受け継がれ，今日まで受け継がれている。それは，それまでの物的成長から質的成長，ひいては人間開発をめざす新たな開発戦略の第一歩といえる。経済学のいかなる分野であれ，人間の精神的豊かさを無視した成長ではなく，貧困層が自立し，精神的にも開放されるような開発戦略でなければ，途上国はもちろん先進国でも時代遅れの理論となることを，BHN は教えてくれたと言えよう。

8．開発経済学のもうひとつのアプローチ──従属理論

1970年代は，マルクス経済学の立場からも途上国の貧困問題にアプローチした理論が登場した。世界経済をひとつのシステムとして分析した従属理論だ。初期の従属理論として注目を浴びたのは，プレビッシュとシンガーによって，定立されたプレビッシュ＝シンガー命題だ。この理論は，一次産品の工業製品に対する交易条件の長期的悪化に焦点を当てたものだ。彼らは，世界経済の基本構造を，一次産品を輸出する周辺国と，工業品を輸出する中心国から成るひとつのシステムとして把握した（周辺資本主義論）。

一次産品の需要の所得弾力性は，工業品に比べて低いために，一次産品の輸出価格は相対的に安価となり，交易すればするほど悪化し，周辺国は国際貿易において不利益を受ける（交易条件長期悪化説）。それゆえ，周辺国は保護関税主義などにより工業化を推進し，一次産品の輸出に依存するモノカルチャー経済を変革すべきであると考えた。

プレビッシュの周辺資本主義論に影響を受けながら，それをさらに発展させたのが，アンドレ・グンダー・フランク（Andre Gunder Frank）だ。フランクは，既存の世界経済システムを，資本主義の歴史過程の中から捉えようとした。開発途上国の低開発とは，植民地遺制の残存や資本不足に原因があるのではなく，「経済発展を生み出しているのと同じ歴史過程，つまり資本主義の発展そのものによって創出されてきた」と考えた[25]。

フランクが考える低開発とは，原始的な段階や伝統的社会ではない。たしかに先進国は，かつて未開発だったことはあるかもしれないが，低開発であったことはない。すなわち低開発と未開発は異なる経済社会ということだ。

現在の途上国の低開発状態は，過去から続いている低開発衛星諸国（satellite）と先進的中枢諸国（metropolis）の間の歴史的所産によって，つくりだされた。この中枢－衛星関係によって途上国はいまだに先進国から収奪されることにより，低開発状態におかれることになった。これが，現在の

資本主義体制の構造であり発展－低開発の本質をなしている（図 3-2)。

現在の世界資本主義の歴史は，①発展＝低開発の創出であり，②低開発とは先進国と開発途上国との中枢－衛星関係の中から生まれ，③中枢－衛星関係こそ世界資本主義体制の構造かつ「発展」要因だ。南北問題は，単に帝国主義時代の支配－被支配という歴史的関係から生まれたのではなく，資本主義の生成・発展という歴史過程の中から作られた[26]。

開発途上国の低開発とは，資本主義的発展と資本主義自体の内部矛盾の必然的な産物のことを意味する。その矛盾とは，多数者（途上国）からの経済余剰の収奪と少数者（先進国）によるその流用，中枢と衛星への二極分解，この矛盾の持続・再生によって，資本主義体制の中で，この基本的構造が連続することだ。資本主義の諸矛盾や資本主義体制の歴史的発展は，経済余剰を収奪された衛星を低開発状態においたまま，その余剰を流用して中枢が経済発展を遂げる過程が継続することだ[27]。

フランクの世界資本主義認識に対し，サミール・アミン（Samir Amin）は，先進国，開発途上国のそれぞれの社会構成体に注目し，そこから従属構造の本質に迫ろうとした。アミンによれば，現在の世界システムは，中心（先進国）－周辺（途上国）（center－periphery）という関係から成っており，それぞれの構成体の違いこそ，支配－従属関係を決定的なものとしてい

図 3-2　フランクの世界資本主義認識

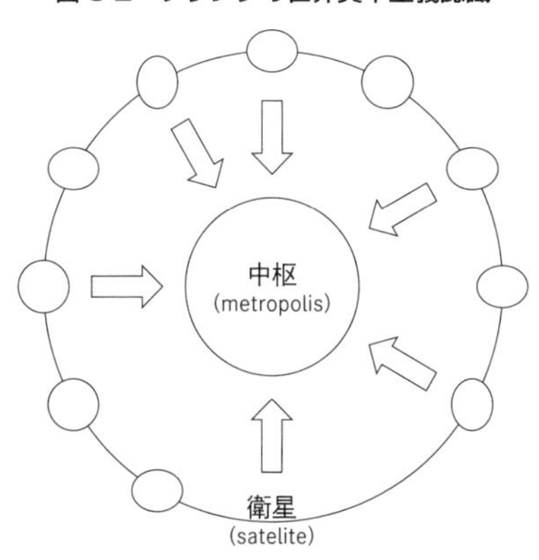

出典：筆者作成。

ると結論づける。

アミンによると，低開発とは貧困と同じであり，衛生，文盲，栄養，死亡率などの表現で言い換えることができる。問題は，低開発を発展途上の初期段階と同一視することだ[28]。

低開発の特徴とは，第1に，部門間生産性の不均等だ。これは，ある部門と他の部門の間の生産性の大きな差であり，部門間には関連がない状態だ。第2には，経済体制の非接合性だ。先進国経済は，産業間あるいは部門間取引を内部で結びついたひとつの統合体を構成している。一方，途上国経済は，部門間の取引の大部分が外部世界と行われ，内部取引はあまり重要ではない部門としか行われていない。第3は，外部からの支配だ。低開発経済における諸部門は，支配する側である先進経済の延長として現れる。この非接合性とその必然的帰結である生産性の不均等は，開発途上国に固有なものとは異なる国内総生産と投資の配分構造を通じて現れる[29]。

中心国において成長は発展であるが，周辺国では，成長は発展ではない。世界市場に統合されている周辺国の成長は，「低開発の中の発展」でしかない[30]。

アミンの中心－周辺関係の特徴のひとつに，社会構成体論がある。社会構成体とは，支配的な生産様式と，その生産様式の周囲でそれに従属している生産様式の複雑な集合が組み合わされるなかで，支配的生産様式によって特

図 3-3 アミンによる中心－周辺関係

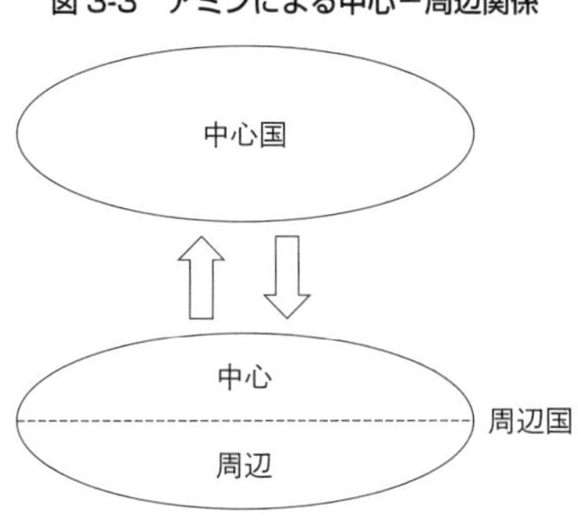

出典：筆者作成。

徴づけられる構造に他ならない[31]。

先進国＝中心の構成体と開発途上国＝周辺国の構成体との関係は，価値の移転によって成り立っている。資本主義的生産様式が前資本主義的生産様式と関係をもつ時には，資本の本源的蓄積のメカニズムの結果として，前資本主義的生産様式から資本主義的生産様式への価値の移転が生じる。現在の世界資本蓄積も中心国に有利に働く資本の本源的蓄積の諸形態だ[32]。

図 3-4　アミンによる社会構成体論

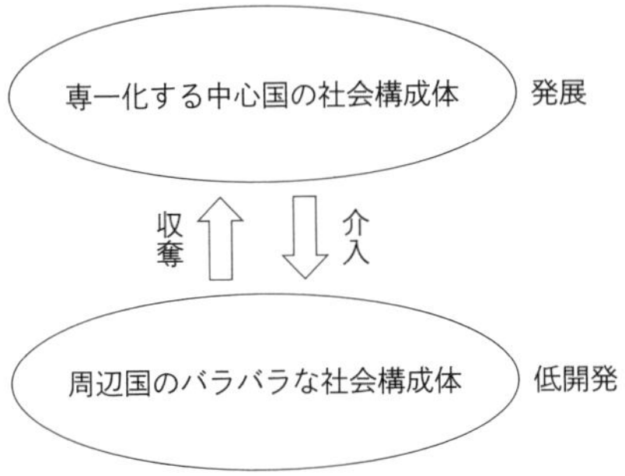

出典：筆者作成。

したがって，低開発という現象は，中心国に有利な本源的蓄積現象の執拗な存続の結果にすぎない。それは恒久的に存在し続けることになる[33]。

インマニュエル・ウォーラステイン（Immanuel Wallerstein）は，世界経済の中核と周辺は，2つの別々の「法則」を持つ別々の「経済」ではなく，異なる機能を果たすセクター部門を持つ，ひとつの資本主義経済システムからなっていると捉える。それは，二層構成システムではなく，「サブ帝国的」国家が登場する。ウォーラステインは，それを半周辺国と呼ぶ。このシステムは，中核－半周辺－周辺（core－semi-periphery－periphery）という三層構成的（tri-modal）であることで成り立っている[34]。

それぞれの経済的特徴としては，中核地域は，余剰価値の大半を得る製造業や第三次産業が中心の地域のことだ。周辺地域とは，軽工業や農業といった第一次産業に集中し，「強制労働」が存在する。半周辺地域とは，中核と周辺の間の地域のことだ。

中核地域と半周辺・周辺地域の交易では，不平等な交換が行われており，剰余価値が搾取されている。周辺地域が生産した第一次産品を，不等価交換によって中核国が搾取し，周辺国の経済発展を阻害する[35]。

資本主義世界システムが，半周辺セクターを必要とする理由は，政治的理由と経済的な理由からなる。政治的理由とは，不平等な価値の移転に基礎をおく世界システムは，抑圧された層からの反乱を心配する。少数の高所得のセクターが，圧倒的に多数の低所得のセクターと対峙しているからだ。この分極化されたシステムは，闘争をもたらす。この危機から逃れる政治的手段は，「中間層」セクターを創出することだ。「中間層」セクターは，自らの状態を上位セクターより悪いと考えるよりも，むしろ低位セクターよりも良いと考える[36]。

経済的理由とは，単一の経済構造によって運営される世界システムの内部に，様々な形態の国家があるということは，利潤を追求する資本家にとって有利な状態をもたらす。なぜなら，第１に，単一の政治的権威がないがゆえに，世界システムの一般的意志を法制化することを不可能にし，資本制的生産様式を制約することを不可能にする。第２に，国家機構の存在は，資本家が市場に対して必要となる人為的抑圧を組織することを可能にするからだ[37]。

ただし，中核国にとって世界システムが不利に働く場合がある。それは，中核国における賃金上昇だ。中核における賃金上昇は，資本家による技術的進歩や設備投資を必要とし，これは生産費の増大を意味する。資本家にとっては，衰退産業から新興産業へと移行することが，指導的位置を確保し続ける唯一の手段だ。

しかし，時間の経過とともに，より安い賃金で主要産業を担う国が登場してくる。それが半周辺国だ。半周辺国が存在しないと，資本主義システムは，政治的危機ならびに経済的危機に直面する[38]。

半周辺国には，２つの特徴がある。ひとつは，半周辺国の輸出品は，価格や利益の点ではまさに中間に位置していることだ。また，半周辺国は，周辺国には先進工業国として，中核国には途上工業国として，というように異な

図 3-5 ウォーラステインによる三層構造

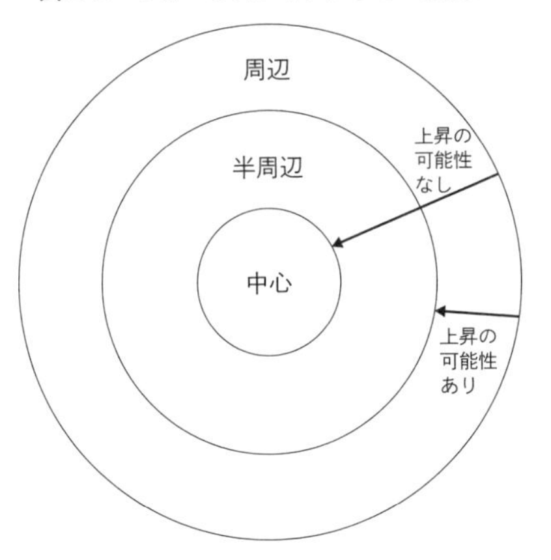

出典：筆者作成。

る立場で貿易し，あるいは貿易しようとすることだ。ここに，周辺と中核の両方に対立するものとしての半周辺の特異性がある。

もうひとつは，半周辺国の市場の機能に対する関心は，中核国家・周辺国以上に高いということだ。半周辺国は，利潤を短期間で上げるために，市場の自動調整機能を信じていないからだ[39]。

世界システムでは，周辺国から中核国への上昇は起こらないが，周辺国から半周辺国への上昇は起きる[40]。

世界システムの枠組みでは，一部の周辺国しか上昇できない以上，それに代わる上昇戦略を見出すことが重要となる。

第1には，「機会補足」（seizing the chance）だ。世界市場の収縮期では，周辺国政府は，国際収支の悪化，失業率増加，財政悪化という経済的危機に直面する。それを解決するために，輸入代替工業化政策を採用する。これにより，中核国の輸出が減少し，それが中核国の政治的地位の弱体化と，周辺国内に存在する輸入代替工業政策に反対する勢力の経済的地位を弱体化させ，世界システムから離脱しようとする活動が活発になる。

第2は，「外資導入による促進」（promotion by invitation）だ。この戦略は2つの内容からなる。ひとつ目は，外部の資本家と協力して行うので，収縮期ではなく経済の拡大期に起きる。ただし，外部資本家との協力による発展は，中核国が経済的困難に直面すると，中核国によってたやすく切り捨てられる。2つ目は，外資導入による促進は，機会補足の場合より工業的発展が遅れた国に有効に働く。

3つ目は，「自力更生」(self-reliance) だ。これは自給自足を前提とする鎖国的戦略だ[41]。

9．限界を見せる従属理論

従属理論の最大の功績は，開発途上国の低開発を，途上国の問題ではなく，世界資本主義＝世界システムにおける構造問題として捉えた点にある。現在の世界経済は相互に依存し合いながら発展しているが，それは多くの恩恵を受ける国と，常に不利な立場に置かれている国を構造問題＝世界資本主義システムとして喝破したことだ。

それにもかかわらず，現在では従属理論の影響力は低下している。その理由は，第1に，従属概念が曖昧なことだ。従属と相互依存とは何が異なるのか。半周辺国の中心国からの外資導入・技術移転は依存と見る一方，低開発諸国（周辺国）におけるそれは，従属と見ることの違いは何か。

第2に，従属理論が示す中心国からの脱却の方向性が不明瞭だ。従属理論が従属から脱却する際の政治課題として，社会主義革命を上げる点はきわめて明快であるが，自立化のための経済的課題の設定の面では，それほど明快ではない[42]。さらに，社会主義体制が崩壊した今日では，もはや従属からの脱却の道はないのではないか。

特に，アミンの社会構成体論は，周辺国の中に先進的な生産様式に見合った社会構成体があるとしているが，それほど先進国の都合の良い社会構成体が，途上国に存在するというのは考えにくい[43]。

第3に，NICs・NIEsのように輸入代替工業化ではなく，輸出志向型工業化政策をとることで，世界市場に積極的に結びつき，高成長を遂げた国をどのように説明できるのか。NICs・NIEsの出現を前に，それを新たな従属関係と主張しても説得力はない。さらに，ウォーラスティンが例示した半周辺国家には，アジア NICs・NIEs はひとつも入っていない。現在の NICs・NIEs の成長を，世界システム論ではどのように説明できるのか。

従属理論は，低開発状態にあった途上国には熱狂的に受け入れられたが，高成長をし続ける途上国が登場することによって，その熱狂は冷めてしまった。しかし，従属理論が登場する以前は，途上国の経済開発理論は先進国で生まれた理論であり，それは時として，途上国の実情からかけ離れたところから生まれたものであり，途上国の経済開発には当てはまらないものが多かった。それに対し，従属理論は，途上国の置かれた低開発状態の解明から始まり，途上国の立場に立って経済開発の可能性を論じた点は大いに評価できるであろう。

10. むすびにかえて

1960 年代から 70 年代にかけて，開発経済学は大きく分岐した。それは，1950 年代の開発経済学の萌芽を受け，途上国研究が深まったとともに，従来の単線型経済成長論（ロストウの 5 段階成長論）や国家レベルでの分析では，複雑に存在する途上国の実情に合致しないということが明らかとなったからでもある。

言い換えれば，途上国の経済開発を考える際，彼らの低開発状態を国家単位で考えるのではなく，その国に住む人々の実情や，先進国と途上国との交易条件，世界経済全体の中で，途上国がどのように位置づけられているのかなど，多岐にわたる視点が必要だということだ。

さらに，1964 年に開催された国連貿易開発会議（UNCTAD）や，1974 年の国連資源特別総会における「新国際経済秩序樹立宣言（NIEO）」など，国際舞台での途上国の発言力が増大することで，途上国からみた世界経済認識が広がっていたことも，もうひとつの理由であろう。

問題は，様々な理論が登場したにもかかわらず，途上国経済が離陸＝経済成長しなかったことだ。先進国が戦後復興を遂げる一方，途上国では相変わらず低開発状態が続いた。そうした中で，1970年代は世界同時不況が起きる。それは，それまでの先進国における高度経済成長をも頓挫させた。それと共に，それまでの量的成長＝GDP至上主義に対する疑念が生じるようになり，戦後の経済開発のあり方に大きな懸念を抱かせる時代になったともいえる。

スタグフレーションと呼ばれる世界同時不況は，先進国自身が自国の経済停滞からの脱出に汲々とする中で，途上国に対する経済支援を滞らせることにもなった。途上国経済は，ますます苦しくなるかと思われたが，石油産出国は，資源ナショナリズムを背景に政治的・経済的影響力を持ち始めた。さらに，開発途上国の中で，最も経済開発が遅れた国・地域から台頭する途上国が登場する。それがNICs（特にアジア地域）だ。

注

1　Meadows, D. H., D. L. Meadows, J. Randers and W. W. behrens III (1972), *The Limits to Growth: A Report for CLUB of ROME'S Project on the Predicament of Mankind*, Universe Books, New York.（大来佐武郎監訳『成長の限界』ダイヤモンド社，1972年，11-12頁。）
2　同上訳書，179-183頁。
3　『成長の限界』は，その内容があまりにも悲観的すぎたので，その20年後に出された『限界を超えて―生きるための選択』では，悲劇的結末を乗り越えるためのいくつかの方途が提示されたほどである。
4　この国連人間環境会議では，「かえがえのない地球（ONLY ONE EARTH）」のために，「人間環境宣言」や「行動計画」が採択された。『平成3年版　環境白書』2001年，82-83頁，第2章第2節。
5　外務省経済協力局（2001）『平成12年度　経済協力評価報告書（各論）』191頁。
6　労働省大臣官房国際労働課（1976）『世界雇用会議報告書』10頁。
7　同上書，47-48頁。
8　同上書，49-57頁。
9　植松忠博（1983）「発展途上国の開発戦略　新しい戦略を求めて」本多健吉編著『南北問題の現代的構造』日本評論社，208頁。
10　同上書，213頁。
11　植松忠博（1985）『地球共同体の経済政策―絶対的貧困とBHN開発戦略，国際社会保障―』成文堂，60頁。
12　植松，前掲書，212頁。
13　同上書，214頁。
14　McNamara, R. S. (1973), *ADDRESS to the BOARD of GOVERNORS 42031*, World Bank.
15　植松，前掲書，214-215頁。
16　川口融（1980）『アメリカの対外援助政策―その理念と政策形成―』アジア経済研究所，337頁。

17 同上書，366-367 頁。
18 植松，前掲書，215 頁。
19 同上書，216 頁。
20 同上書，216 頁。
21 同上書，216-218 頁。
22 外務省（2000）『平成 12 年度経済協力評価報告書』（https://www.mofa.go.jp/mofaj/gaiko/oda/shiryo/hyouka/kunibetu/gai/h12gai/h12gai031.html）。
23 絵所秀紀（1997）『開発の政治経済学』日本評論社，105-106 頁。
24 同上書，105-106 頁。
25 Frank, A. G. (1975), *Underdevelopment or Revolution?*, Monthly Review Press.（大崎正治他訳『世界資本主義と低開発』柘植書房，1979 年，19 頁。）
26 同上書，16 頁。
27 同上書，30 頁。
28 Amin, S. (1970), *L'accumulation a l'echelle Mondiale*, Antropos.（野口祐他訳『世界資本蓄積論』柘植書房，1979 年，24 頁。）
29 同上書，33 頁
30 同上書，33-37 頁。
31 Amin, S. (1973), *Le Développment Inégal: Essai sur les formations socials du capitalism périphérique*, Orion Press.（西川潤訳『不均等発展』東洋経済新報社，1983 年，11 頁。）
32 Amin (1970), 訳書 17-18 頁。
33 同上訳書，41 頁。
34 Wallerstein, I. (1979), *The Capitalist World Economy*, Maison des Sciences de I'Homme Cambridge University Press.（藤瀬浩司・麻沼賢彦・金井雄一訳『資本主義世界経済Ⅰ』名古屋大学出版会，1987 年，91-92 頁。）
35 同上書，95-96 頁。
36 同上書，93 頁。
37 同上書，93 頁。
38 同上書，94 頁。
39 同上書，95-96 頁。
40 同上書，99 頁。
41 同上書，101-107 頁。
42 本多健吉（1980）「従属派経済理論の構造と問題点」大阪市立大学経済研究所・尾崎彦朔編『第三世界と国家資本主義』東京大学出版会，97-99 頁。
43 本多健吉（1986）『資本主義と南北問題』新評論，171 頁。

第4章

OECDレポートとNICs

――復活する新古典派経済学――

1. 相対的地位が低下したアメリカ

1960年代までの世界経済は，アメリカの圧倒的な経済力とそれに裏付けされた政治的指導力によって支えられていた。固定相場制に基づく国際通貨体制は，金との交換が保証されたドルによって支えられており，国際貿易体制は，アメリカの市場開放によって，自由貿易主義を維持してきた。さらに，アメリカは戦後ヨーロッパ復興のためのマーシャル・プランに引き続いて，開発途上国の経済開発のための援助を主導した。自由世界の防衛についても，同盟国との安全保障条約の下で，その多くの費用を負担した。言い換えるならば，世界経済の円滑な運営に必要な費用の主要部分は，アメリカによって負担されてきた。

しかし，1970年代に入る頃から，アメリカの地位が相対的に低下するようになった。アメリカの経済力の傘の下で，日本，西欧諸国が順調な経済成長をつづける一方，アメリカの経済的困難が増大してきたためだ。ベトナム戦争を契機に，インフレが進行し始めると固定相場制下でアメリカの国際競争力が低下し，1971年には戦後初めてアメリカの貿易収支が赤字に転落，ドル不安から金の流出が激化し，ついにアメリカは，ドルと金との交換を停止せざるを得なくなった。

その後もインフレは悪化の一途をたどり，加えて生産性上昇率が目に見えて鈍化し，エネルギーの海外依存度が高まるなど，アメリカ経済の相対的な地盤沈下は一層進んだ。こうした経済力の弱まりは，ベトナム戦争，ウォーターゲート事件等での挫折や対ソ軍事優位の低下等と相まってアメリカの指導力を急速に弱めることになった。

その結果，アメリカの経済力は，1950年代には世界の国内総生産の4割弱であったが，それが2割強まで低下した。1979年には，ECのGDPがアメリカを抜くまでに拡大した。また1955年には，アメリカの6%にすぎなかった日本のGDPも1970年代の終わりには，その半分弱に達し，1人当たりGDPでは8割に達しようとしていた。

こうして世界は，かつてのアメリカのズバ抜けた経済力に支えられたパクス・アメリカーナ（アメリカによる平和）から米・欧・日が割拠する多極化の時代へと変わった。

他方，途上国世界でも新たな勢力が勃興し始めた。石油産油国の力の強まりがそれだ。

OPEC（Organization of Petroleum Exporting Countries：石油輸出国機構）が，石油メジャーの公示価格の一方的引下げに対抗して，サウジアラビア，イラン，イラク，クウェート，ベネズエラの5カ国で組織されたのは1960年であったが，OPECが一大勢力として世界経済の舞台に登場したのは1970年代に入ってからであった。すなわち，1971年，OPECはテヘラン協定によってはじめて，加盟国の公示価格の引上げ等に成功したのである。1973年には第4次中東戦争を契機に石油価格を1バーレル3.01ドルから11.65ドルへと一挙に4倍近くに引き上げた。さらに，1978年秋のイラン政変を契機に段階的に2倍半に引き上げた。このため，世界経済は1970年代に2回にわたる「石油ショック」に見舞われることになった。1970年代は，まさに「OPECの時代」というにふさわしかった（図4-1）[1]。

こうした2つの大きな流れは，1970年代の世界経済を大きく変えた。第1は，世界経済の枠組の変化だ。

アメリカが担ってきた枠組は，アメリカ経済の弱まりと共に，変質せざるを得なくなった。国際通貨体制については，固定相場制が変動相場制に移行し，また，マルク等のドル以外の通貨の役割が増大した。国際貿易体制は，南北問題や資源ナショナリズムの台頭もあって，自由，無差別，多角，互恵

図 4-1　原油価格（アラビアン・ライト）の動向

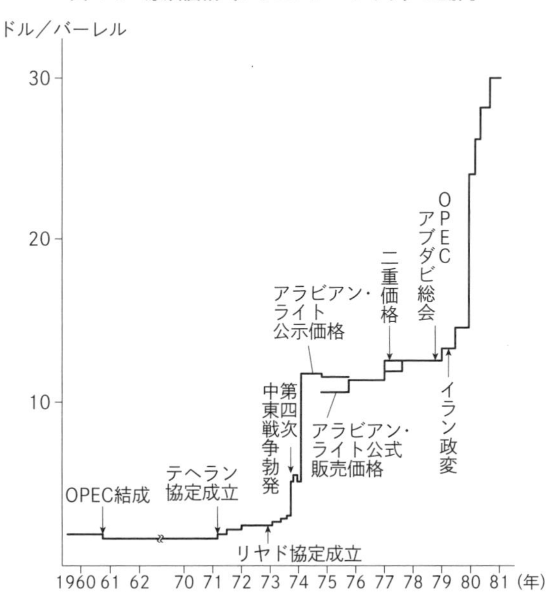

出典：経済企画庁（1980）『昭和 55 年　年次世界経済報告』。

の原則が揺ぎ，保護主義的動きが強まった。また，援助，安全保障面でもアメリカの影響力が低下し，負担の分担を求めるようになった。

第 2 は，世界経済全体の景気後退だ。1970 年代は，貿易の拡大や新興工業国の成長等いくつかの成果もあったが，金ドル交換停止や変動相場制への移行など，世界経済の枠組の動揺と石油価格の急騰は，アメリカのみならず多くの国の経済を悪化させた。アメリカでみられたスタグフレーションの悪化，生産性の低下，石油への過度の依存は，他の先進国でも深刻な問題となり，非産油途上国では債務累積が深刻な問題となった。

こうした変化は，世界経済の相互依存が一層強まる中で起きた問題といえる。世界経済の相互依存は，通信・運輸等の技術進歩や情報・知識の拡散に支えられながら，国際貿易を通じて，また国際資本市場を通じて進展してきた。

経済協力だけではなく，貿易，エネルギー，資本移動等の経済関係も強まり，経済と政治の関係も密接に強まった。1975年には，サミット（先進国首脳会談，現在の主要国首脳会談）が開催され，多国間の協調によって世界的課題に対処するようになった。

相互依存の強まりは，国際分業によって利益を増大させ，すべての国民の福祉を向上させると考えられたが，現実には，各国の対応の自由度を狭め，国内での困難の増大と相まって国際摩擦を増幅することにもつながった[2]。

2．NICsの登場

開発経済学が誕生してから1970年代後半まで，その主要課題は，なぜ開発途上国は経済成長しないのかであった。しかし，1979年にOECD（Organization for Economic Cooperation and Development：経済協力開発機構）が発表した *The Impact of The Newly Industrialising Countries on Production and Trade in Manufactures*（『新興工業国の挑戦』）は，それまでの開発途上国に対する認識を改めるものであった。OECDレポートと呼ばれるこのレポートは，その冒頭で，「開発途上の世界において台頭しつつあるダイナミックで新しい製品輸出国が，先進国に動揺をもたらしている」とし，一部の途上国の急激な経済開発を驚きをもって扱った[3]。

1970年代は世界同時不況の時代であり，途上国はもちろん先進国においても，自国の経済的停滞をいかに克服するかに汲々とした時代であり，世界経済全体について考える余裕すらない時に，先進国ではない途上国の中から先進国を上回る経済パフォーマンスを示す国が途上国の中から登場した。

OECDの驚きは，単に経済成長する国が現れたということに止まらず，今まで成長できないと考えられてきた途上国の中でも，特に影響力（経済力）の弱い国が急速に経済成長したことに驚きと脅威を感じたのだ。

NICsとはどのような国・地域を指すのか。OECDレポートでは，以下の10カ国・地域をNICsと定義している。南ヨーロッパの4カ国（ギリシャ，ポルトガル，スペイン，ユーゴスラビア），ラテンアメリカの2カ国（ブラジル，メキシコ），東南アジアの4カ国・地域（韓国，台湾，香港，シンガポール）だ。

3．NICs の特徴と成長要因

NICs の経済的特徴は，外向きの成長政策（outward looking growth policy），工業部門における雇用水準の増大，全雇用に占めるシェアの急速な伸びと製品輸出における市場シェアの拡大，1人当たり実質国民所得の先進国とのギャップの急速な相対的縮小だ[4]。

工業生産の世界シェアを見ると，先進工業7カ国（アメリカ，イギリス，

表 4-1　地域別工業生産シェア

	1963	1970	1973	1974	1975	1976	1977
アメリカ	40.25	36.90	36.59	36.30	34.97	35.42	36.90
日本	5.48	9.28	9.74	9.28	8.88	9.06	9.14
西ドイツ	9.69	9.84	9.19	8.95	8.98	8.97	8.85
フランス	6.30	6.30	6.25	6.35	6.25	6.25	6.15
イギリス	6.46	5.26	4.78	4.61	4.67	4.29	4.16
イタリア	3.44	3.49	3.29	3.43	3.28	3.41	3.33
カナダ	3.01	3.01	3.08	3.16	3.17	3.08	3.08
スペイン	0.88	1.18	1.37	1.48	1.47	1.43	1.56
ポルトガル	0.23	0.27	0.30	0.31	0.31	0.30	0.32
ギリシャ	0.19	0.25	0.30	0.30	0.33	0.33	0.33
ユーゴースラビア	1.14	1.25	1.31	1.43	1.60	1.53	1.62
ブラジル	1.57	1.73	2.10	2.25	2.47	2.49	‥
メキシコ	1.04	1.27	1.30	1.38	1.54	1.44	1.45
香港	0.08	0.15	0.18	0.17	0.17	0.21	‥
韓国	0.11	0.22	0.32	0.41	0.51	0.63	0.69
台湾	0.11	0.23	0.34	0.33	0.37	0.42	0.46
シンガポール	0.05	0.06	0.08	0.08	0.09	0.09	0.10
上記 NICs10 カ国の合計	5.40	6.61	7.60	8.14	8.86	8.87	(9.28)
その他の先進国	10.99	9.72	9.83	9.73	10.58	9.90	9.29
その他の開発途上国	8.98	9.59	9.65	10.05	10.36	10.75	9.80
インド	1.21	1.11	1.03	1.04	1.15	1.17	1.19
アルゼンチン	0.94	1.07	1.09	1.14	1.18	1.06	1.06
世界合計	100.00	100.00	100.00	100.00	100.00	100.00	100.00
世界（1970=100）	66.00	100.00	121.00	122.00	115.00	125.00	129.00

出典：大和田悳朗訳（1980）『OECD レポート　新興工業国の挑戦』東洋経済，33 頁。

西ドイツ，フランス，イタリア，カナダ，日本）が，1963年から1977年にかけて74.63%から71.61%へとシェアを低下させたのに対し，NICsは同時期に5.40%から9.28%へと増加させた[5]。この時期，先進7カ国で工業生産のシェアを増大させたのは，日本とカナダのみで，他の先進国は軒並み工業生産のシェアを減少させた。

同じ時期NICsは，すべての国・地域においてそのシェアを増大させた。特に，韓国，香港はそれぞれ約6.27倍，約2.63倍（1976年）へと，大幅に増大させた（表4-1）。

製品輸出のシェアについては，やはり同時期，先進7カ国が64.22%から63.55%へと減少させているのに対し，NICsは2.59%から7.12%へと実に2.75倍も増加した。特に，ブラジル，韓国はそれぞれ8.2倍，24倍と大幅にそのシェアを増大させた（表4-2）。

表4-2　地域別製品輸出比率

	1963	1973	1976
カナダ	2.61	4.16	3.32
アメリカ	17.24	12.58	13.55
日本	5.98	9.92	11.38
フランス	6.99	7.26	7.41
西ドイツ	15.53	16.98	15.81
イタリア	4.73	5.30	5.49
イギリス	11.14	7.00	6.59
先進7カ国合計	64.22	63.2	63.55
スペイン	0.28	0.92	1.07
ポルトガル	0.30	0.35	0.21
ギリシャ	0.04	0.15	0.22
ブラジル	0.05	0.35	0.41
メキシコ	0.17	0.64	0.51
ユーゴスラビア	0.40	0.55	0.60
香港	0.76	1.05	1.15
韓国	0.05	0.78	1.20
台湾	0.16	1.04	1.23
シンガポール	0.38	0.46	0.52
NICs合計	2.59	6.29	7.12

出典：同上書，34頁から筆者作成。

NICs は工業部門における雇用シェアと１人当たり実質国内総生産も増加させた。一般に，工業化に伴う産業構造の変化は，第一次産業から第二次産業へ，第二次産業から第三次産業へとシフトする（ペティ・クラークの法則）。それによると，先進国は 1960 年代の半ばから後半にかけて，第二次

図 4-2　工業部門における雇用（非軍事雇用に占める率）

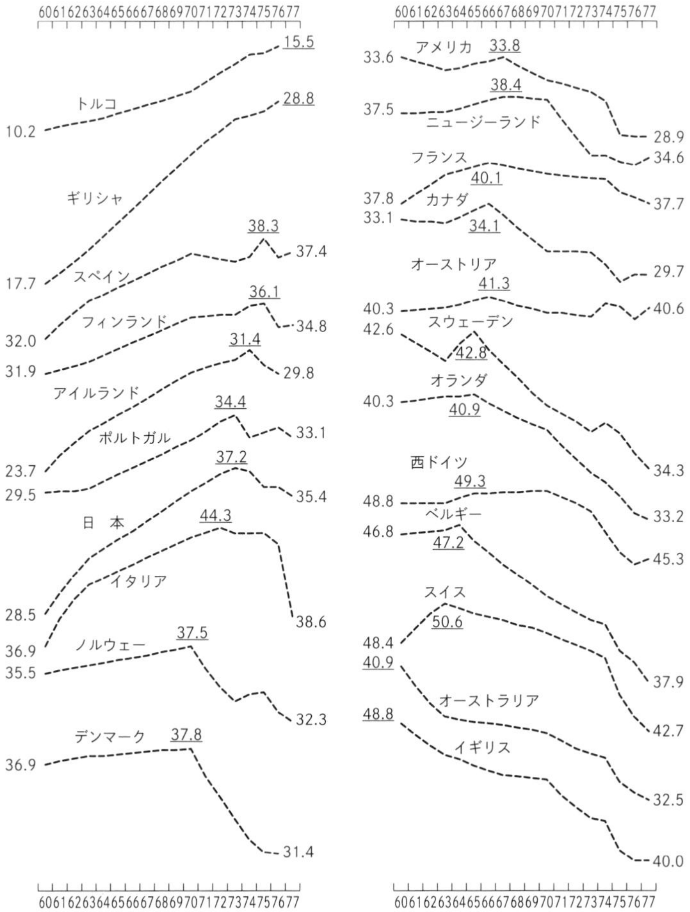

原注：下線の数字はピークを示す。
原出所：OECD, Labour Force Statistics.
出典：同上書，36 頁より作成。

産業における雇用の割合がピークを迎えた後，下降し始めた（日本は，1970年代の前半）。それに対しては，NICsは，ギリシャのように上昇し続けている国や，スペイン，ポルトガルのように1970年代半ばから後半にかけてピークを迎え，いったん下降した後，再び反転するなど，工業部門における雇用吸収力＝第二次産業のシェアはいまだ大きい（図4-2）。

さらに，1人当たり実質国内総生産は，アメリカを100とした場合，他の先進6カ国の平均は，1963年から1976年にかけて58.5から69.3となっているのに対し，NICsは同じ時期，21.7から33.1へと52.5％も急増している。特に，韓国，シンガポール，ギリシャ，台湾はそれぞれ2.1倍，1.8倍，1.6倍，1.6倍へと増加させている（表4-3）[6]。

NICsは，先進国が歩んできた経済開発の道のりを短期間で歩んでいる。

なぜ，これらの国・地域は，急速な経済成長を達成することができたのか。OECDレポートは，それを世界市場における構造的・循環的要因と政

表4-3　国別1人当たり実質GDP

	1963	1976
アメリカ	100.0	100.0
カナダ	77.0	90.3
西ドイツ	67.4	76.0
フランス	63.1	78.5
日本	36.3	64.3
イギリス	63.9	60.1
イタリア	43.3	46.8
6カ国平均	58.5	73.7
スペイン	33.0	43.8
ギリシャ	28.7	44.9
ポルトガル	20.7	31.5
ブラジル	21.8	31.1
メキシコ	23.8	25.4
シンガポール	23.0	42.4
香港	20.2	34.9
台湾	14.4	23.7
韓国	9.3	19.9
NICs9カ国平均	21.7	33.1

出典：同上書，38頁。

府の政策の組み合わせによるものだと指摘している。

第1に，比較優位とプロダクト・サイクルだ。NICs では，低賃金労働力だけではなく天然資源や企業家など，経済開発するのに必要な要素が存在した。また，技術や工業立地，貿易環境の優位性もあった。プロダクト・サイクルとは，新しい技術は，先進国において開発されるが，この技術は，大量生産によって標準化され，時間の経過と共に豊富な労働力を有し，一定の技術を有した NICs のような国・地域に普及する。その結果，先進国のいくつかの技術・製品は，比較優位を失う。先進国は，さらなる利潤を追求するために，より高度な技術を開発し，高付加価値の製品生産へと移行するというものだ[7]。

第2に，生産工程の国際化だ。多国籍企業による直接投資の拡大が，NICs の経済開発に大きな役割を果たした[8]。多国籍企業は，最適地生産を求め，資本，技術，経営，市場を適切な立地へと移転させることによって，より多くの利益を得ようとする。多国籍企業による生産工程の分散化と細分化，新たな国際分業の形成にとって，NICs は重要な役割を果たした。さらに，NICs による外資優遇措置が，多国籍企業の進出に拍車をかけた[9]。

第3に，1970 年代の経済構造の変化と資本の流れの変化だ。1973 年に端を発した石油価格の高騰と一次産品価格の上昇，世界的スタグフレーションが国際的な資本移動の変化をもたらした。

一次産品価格の高騰は，NICs の国内需要を抑制した。しかし，それに対応すべく資源を輸出部門に迅速かつ強力に移すことによって高成長を維持し続けた。

一方，石油価格の高騰により石油産出国に流入した大量の資金（オイルダラー）は，石油産出国の膨大な黒字をもたらしたが，その資金は投資先としてヨーロッパの金融機関へと向かった（ユーロダラー）。ユーロダラーと化したオイルダラーは世界的スタグフレーションにもかかわらず，高成長を続けていた NICs に流れることになった（図 4-3）[10]。

以上のように，NICs は 1970 年代の世界経済が直面していた世界的カネ余り（過剰流動性）と景気停滞をうまく利用し，それを自国の経済開発に結び

図4-3　国際的資金移動とNICsの輸出メカニズム

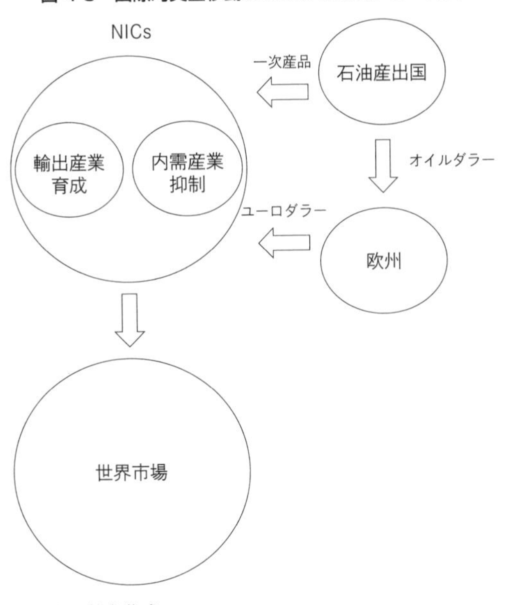

出典：筆者作成。

付けることで飛躍的に成長した。

ここで改めてNICsが採用した政策＝外向きの成長政策についてみてみる。外向きの成長政策とは，輸出志向型工業化政策のことだ。この時期まで，多くの途上国は，輸入代替工業化政策を採っていた。輸入代替工業化とは，それまで輸入に依存していた製品を規制・排除し，それに代わって新たに自国産業に生産させる政策のことで，一種の保護貿易政策だ。この政策は，労働集約型産業のような非耐久財製品を生産する段階では有効に作用する。しかし，技術集約型産業にみられる重化学工業化段階になると矛盾が噴出する。第1に，輸入代替工業化政策は，国内の一部の企業による市場の独占を許す結果となる。市場を独占した企業は，国内に競争相手が存在しないので，資本主義の特徴である技術開発・技術革新を通じた高付加価値製品を生産しようとはしない。第2に，新規参入者の市場への参入を阻止するために，政治に働きかけを強めるようになる。その結果，政経癒着，腐敗が生まれる。

こうして，技術開発も行わず，市場を独占することに躍起となる企業が保護されることで，生産性の向上はおろか，世界的競争において後れをとることになり，次第に経済は停滞し始める。気づいた時には，世界からも取り残される。多くの途上国が，1970 年代にかけて経済開発できなかった要因のひとつだ。

これに対し，NICs は，経済開発の初期段階から，外向きの成長政策を採用した。NICs が外向きの成長政策を採用できた背景は，国内市場の狭隘さがある（特に，アジア）。1970 年代の韓国の人口は約 3500 万人，台湾は約 1600 万人だった。香港，シンガポールに至っては，それぞれ約 500 万人，約 250 万人だった。したがって，工業化を考えた時，人口の少なさ＝市場の狭隘さが，最初から輸出志向型工業化政策を採らせることになり，結果として高成長へと結びついた[11]。

外向きの成長政策がうまく機能するには，政治的・経済的・社会的環境も重要だ。外向きの成長政策がうまく機能している国・地域では，次の要素を兼ね備えている場合が多い。①規律に富む，教育された，熟練労働者の存在。②積極的で有能な企業家層。③安定した政治体制。特に，教育された労働力と進取の気性を持った企業家の存在は，経済開発の担い手として重要だ。

また，輸出加工区の存在も有効に働いた。輸出加工区は，多国籍企業による直接投資の誘因となるからだ。そこでは，工業用施設に関連したインフラ整備や，関税および税制面での優遇措置も行われた[12]。生産拠点の最適地を探していた多国籍企業にとって，これらの優遇措置は，投資先として大きな魅力と映った。

これら一連の政策を通した NICs の経済成長は，市場を活性化させると共に，脱途上国の道を歩ませることになった。それは他方で，市場の自由化こそ経済開発の最良の手段と考えた新古典派経済学の理論が有効であることを示す結果となった。

一方で，資本財・工業用投入財や一次産品輸入は，債務の増加をもたらした[13]。特に，ブラジルやメキシコのような資源国では，資金はもちろん，資本財・工業用投入財の大量輸入は，1980 年代に入るや，累積債務問題を引き起こし，ラテンアメリカ諸国を債務不履行状態に追いやることとなった。外向きの成長政策の負の側面が表面化することになった。

この点について，OECD レポートは NICs の登場に注目しながらも，「そう遠くない将来に，先進工業国の工業化の水準に近づく国があるかもしれないし，逆に後退する国があるかも知れない。さらに，他の開発途上国の中にも，その外向きの成長政策の追求において，NICs に仲間入りしようとする新しい重要な候補者がいくつかある。このように，一方で先進工業国と NICs との間の，また他方で，NICs と他の開発途上国との間の，それぞれの境界線は不断に動いており，この点についてはなかなか見解の一致は得られない」[14] と指摘したことからもわかるように，NICs の地位は必ずしも安定したものとは考えていなかった。そして，1980 年代に入ると，NICs は二極化することとなった。

4．NICs 台頭の持つ意味

戦後の開発経済学は，開発途上国の貧困問題，低開発状態をいかに克服するのかに主眼が置かれていた。しかし，NICs の登場により，今度はなぜ経済成長したのかに関心が払われた。これは，単なる成長の解明にとどまらず，この間の開発経済学に対する批判的検証を提起したものといえる。今まで開発経済学が様々な開発理論を展開し，途上国の経済成長を促してきたが，ほとんどの途上国は経済成長することができなかった。そのため，なぜ途上国は成長しないのかに焦点が当てられてきた。OECD レポートは，NICs の登場により，初めて NICs（途上国）は、なぜ成長できたのかを明らかにした。その分析は，従来の開発経済学理論ではなく，また従属論が主張した中心－周辺関係からの離脱とも異なるものだった。

皮肉なことに，NICs の経済成長は，先進国で生まれ，先進国の経済メカニズムを明らかにしながら，この間批判され続けた新古典派経済学の理論を基盤として成長した。

一方，NICs の出現と台頭は，新たに南南問題（途上国間の格差問題）を提起するようになった。今までは，途上国は一律貧しいと考えられてきたが，NICs のように貧困から脱出し工業化しつつある国・地域と，依然として低開発状態から抜け出せない国々が混在することになった。

さらに，1980 年代にはいると，NICs の間でも二極化が始まった。南ヨーロッパ NICs，ラテンアメリカ NICs が停滞していったのに対し，アジア NICs だけが継続して高い経済成長を維持し続けた。また，1980 年代後半からは ASEAN（Association of South-East Asian Nations：東南アジア諸国連合），1990 年代からは中国など，アジア各国が順次経済成長を達成するようになった。その結果，途上国への関心は，なぜアジアのみが経済成長するのかに移った。同じ途上国であっても，アジアの特殊性が新たな分析対象となった。

NICs の台頭は，社会主義諸国にも大きな衝撃を与えた。旧ソ連をはじめとする社会主義諸国では，資本主義陣営に与する途上国の経済開発は，対米依存にほかならず，それは先進国への新たな従属への道であり，決して経済成長はできないと考えてきた（従属理論）。それが，1980 年代以降も継続して高い経済成長を続けることで，資本主義世界経済体制下でも途上国は経済成長できるということを示しただけではなく，その高い経済成長は，社会主義的生産様式よりも優れた生産様式であることが実証されることになった[15]。

特に，アジア NICs は，第 2 次世界大戦直後，近隣の社会主義からの脅威にさらされ，自らの生存基盤さえ失いかねない危機状況下におかれていた。韓国は北朝鮮と，台湾は中国との間で，政治的・軍事緊張関係におかれていた。そうした国・地域で高い経済成長が実現した。これは社会主義陣営からすれば，まさに脅威・奇跡と映った。NICs の登場が，先進資本主義諸国だけではなく，社会主義諸国にも大きな衝撃を与えることになった[16]。NICs の登場は，開発経済学にとって，NICs インパクトともいえるほどの衝撃を与えたのだ。

5．岐路に立つ開発経済学

1970年代は，戦後世界経済にとって大きな意味を持つ時代だった。ひとつには，第2次世界大戦後のアメリカを中心とした世界経済システムが動揺し，先進国すら経済成長が頓挫したこと。2つ目には途上国においては，「開発の10年」と呼ばれた1960年の希望と高揚が挫折し，再び南北格差が焦眉の課題となったこと。3つ目には，この間，経済成長の目的であった量的成長＝GDP至上主義が見直され，質的成長に注目が集まり始めたことだ。

こうした従来の成長戦略の矛盾が噴出し，新たな開発戦略への転換が求められるなか，開発理論としては，最も後景に追いやられ，批判の対象であった新古典派経済学の成長モデルがNICsの登場によって，注目されることとなった。

このことは，単に新古典派経済学の復活を意味するだけではなく，この間の開発経済学にさらに軌道修正を求めることになった。これ以降，開発経済学の主要課題は，NICsの成長要因分析に主眼がおかれ，今までの課題であった南北格差＝なぜ途上国は経済成長しないのか，という視点は後景に追いやられてしまうことになる。それほど，NICsの衝撃は大きかったのである。

6．NICsからNIEsへ

1970年代までに急成長を遂げたNICsは，1980年代に入ると二極化した。中南米NICsは，累積債務問題によって停滞した。NICs10カ国・地域の共通した経済政策とは別に，中南米諸国，特に，ブラジル・メキシコの経済・貿易構造は，一次産品中心の対外依存型構造だった。

表4-4，4-5を見れば明らかなように，ブラジル・メキシコとも貿易構造は，第一次産業または資源に偏っている。特に，ブラジルは，1980年に入ってようやく工業製品（自動車）の輸出が増大したが，ほとんどが農業製品だ。

表 4-4　ブラジルの主要輸出品目

	1位		2位		3位		4位		5位	
	品目	割合	品目	割合	品目	割合	品目	割合	品目	割合
1970年	コーヒー	34.6	鉄鉱石	7.7	綿花	5.7	砂糖	4.7	トウモロコシ	3.0
1975年	砂糖	11.4	鉄鉱石	10.8	コーヒー	10.0	大豆	8.0	果実・ナッツ	5.6
1980年	コーヒー	12.4	鉄鉱石	7.7	大豆かす	7.5	砂糖	4.7	石油製品	3.0
1985年	コーヒー	9.2	鉄鉱石	6.5	石油製品	6.3	大豆かす	4.7	靴・同部材	3.5

	6位		7位		8位		9位		10位	
	品目	割合	品目	割合	品目	割合	品目	割合	品目	割合
1970年	カカオ	2.9	大豆かす	2.8	牛肉	2.6	木材	2.5	コーヒー抽出液	1.6
1975年	カカオ	2.6	石油製品	2.1	木材パルプ	1.9	靴・同部材	1.9	大豆油	1.8
1980年	自動車	3.0	大豆油	2.2	大豆	2.0	靴・同部材	1.9	果汁	1.8
1985年	果汁	3.1	大豆	3.0	エンジン	2.5	自動車	2.4	大豆油	2.4

出典：経済産業省『通商白書 2014 年』より筆者作成。

メキシコも，原油が輸出全体に占める割合が極端に高く，資源輸出国といってもいい貿易構造だ。

一次産品または資源の輸出に特化した貿易構造は，1970 年代の二度にわたる石油価格の上昇と世界同時不況により，輸出が減少した。さらに，アメリカの金利上昇等の影響で金利負担が増加し，対外債務の返済が困難となり，1982 年，メキシコは債務繰り延べ要請をした。これを機に中南米諸国では，次々と累積債務問題が顕在化した。

開発途上国が経済開発するうえで，資本蓄積を国内ではなく対外借り入れによって調達するという政策は，ロストウの 5 段階成長論や米国大統領トルーマンによるポイント・フォー政策以来，広く受け入れられてきた政策だった。

しかし，外貨導入による経済開発はいったん経済が停滞すると，債務返済問題を引き起こすことが明らかとなった。この時期から，IMF や世界銀行による構造調整プログラムが注目を浴びることとなったが，これはコンディショナリティ（融資条件）を課すことにより，開発途上国における財政・金

表4-5 メキシコの主要輸出品目

	1位		2位		3位		4位		5位	
	品目	割合	品目	割合	品目	割合	品目	割合	品目	割合
1970年	砂糖	7.7	綿花	6.8	コーヒー	6.3	海老網	5.5	牛肉	3.6
1975年	原油	15.3	コーヒー	6.8	綿花	6.1	海老網	5.1	生鮮トマト	4.3
1980年	原油	60.9	天然ガス	4.0	コーヒー	2.9	海老網	2.6	鉄	2.4
1985年	原油	57.2	石油製品	7.4	エンジン	7.1	コーヒー	2.4	鉄	1.7

	6位		7位		8位		9位		10位	
	品目	割合	品目	割合	品目	割合	品目	割合	品目	割合
1970年	生鮮トマト	3.0	石油製品	2.6	生牛		長石	2.4	船	2.3
1975年	砂糖	4.1		2.3	自動車部品	1.9	長石	1.9	船	1.6
1980年	綿花	2.0	石油製品	1.6	自動車部品	1.3	生鮮野菜	1.1	鉄鉱石	1.1
1985年	海老網	1.6	自動車部品	1.1	生牛	0.8	生鮮トマト	0.8	ポリエチレン	0.7

出典：同上。

融政策の自律性の阻害，政治体制をはじめとする内政問題への介入を強める結果となった。

南ヨーロッパでは，スペインが石油輸入に多く依存しており，1978年でもエネルギーの66%を輸入に依存していた。したがって，1970年代の二度にわたる石油ショックは，スペイン経済にもろに打撃を与えることとなった[17]。スペインの通貨ペセタの価値は，1979年から大幅に下落し，貿易条件を悪化させた[18]。スペインの経済危機を悪化・長期化させた背景は，経済危機の発生が独裁体制から民主主義体制への移行期と重なったこと，痛みを伴う経済危機対策を導入することができなかったこと等があげられる[19]。その結果，スペインは，資源を海外に依存する脆弱な経済構造と国内政治の混乱により，1980年代に景気停滞に陥った。

これに対し，アジアNICsは，1980年以降も経済成長を維持し続け，1980年代後半にはNICs10では，アジアの4カ国・地域のみが注目を浴びることになった。その結果，1988年のトロント・サミットにおいては，NICs10カ国・地域を同じ名称で呼ぶことに対し異論が生じ，アジアNICsをNIEs

(Newly Industrializing Economies：新興工業経済地域・群）と呼ぶことになった[20]。

現在では，アジア地域をはじめ多くの途上国が経済成長を遂げているが，彼らより先に経済成長し，いまだに成長し続けているという意味で，韓国・台湾・香港・シンガポールをNIEsと呼び続けている場合が多い。特に，多くの途上国が「中所得国の罠」問題に直面しているのに対し，NIEsは，1人当たり国民所得が1万ドルを超えた後も順調に成長し続け，先進国の地位をうかがうまでになっている。

NIEsをはじめ，アジア各国の経済成長は，開発経済学に新たな課題を投げかけ，今日に至っている。アジア経済が注目される所以だ。

注

1 経済企画庁編（1980）『昭和55年版 世界経済報告―石油危機への対応と1980年代の課題』2頁。
2 同上書。
3 大和田悳朗訳（1980）『OECDレポート 新興工業国の挑戦』東洋経済新報社，i頁。
4 同上書，2-3頁。
5 しかも，この数値にはブラジルと香港の数字は含まれていない。
6 同上書，32-38頁。
7 同上書，64-65頁。
8 特に，アジアNICsの場合，日本企業のアジア進出は大きな役割を果たした。
9 前掲，OECDレポート，67-69頁。
10 同上書，69-73頁。
11 ただし，韓国，台湾は工業化の初期段階では，輸入代替工業化政策を採用していたが，すぐに輸出志向型工業化政策へと転換した。
12 前掲，OECDレポート，106-108頁。
13 同上書，116-117頁。
14 同上書，3頁。
15 NICsの経済発展は社会主義崩壊の遠因とまで言われている。
16 余照彦（1988）『NICS』講談社現代新書，239-241頁。
17 楠貞義（1991）「［資料紹介］スペイン経済：1981年（上）：スペイン銀行『年次報告』より」『關西大學經濟論集』40巻5号，108頁。
18 同上書，110頁。
19 戸門一衛（2001）「スペイン」財務総合政策研究所『「経済の発展・衰退・再生に関する研究会」報告書』」117頁。
20 アジアNICsからNIEsへの名称変更の最も大きな理由は，台湾と香港を中国との関係から，国として呼称し続けることの懸念からNIEsへと名称の変更がなされたということだ。

第5章 量から質へと転換した経済開発目標

1．人間開発概念の登場

1970年代のBasic Human Needs（BHN）アプローチによって，途上国の貧困問題に新たな光が当てられたにもかかわらず，その後の開発経済学は，市場を中心とする経済開発＝新古典派経済学が大きな影響力を持つようになる。特に，韓国，台湾，香港，シンガポールという途上国の中でも後発の途上国であった国・地域の経済的躍進は，新古典派経済学の理論を後押しする結果となった。彼らはNICs（のちにNIES）と呼ばれ，OECDによって，その成長が礼賛された。

彼らが台頭した1970年代は，世界同時不況の時代であり，先進国においてもスタグフレーションからの脱出に汲々としていた時代に，それらをものともせずに遂げた急成長は，正に先進国にとっても脅威と映った。

アジア諸国が世界の耳目を集めたのは，1980年代に入ってからの継続した経済成長だ。1970年代，アジア諸国と同じくNICsと呼ばれたラテンアメリカのメキシコ，ブラジルや南ヨーロッパのトルコ，ポルトガル，ギリシャ，（旧）ユーゴスラビアが，1980年に入り停滞し始めたにもかかわらず，アジア諸国は継続して高成長を維持し続けた。

一方，アジア諸国の高成長は，経済の規模＝量的成長に焦点がおかれていたため，国内の経済格差，男女間格差など量的成長以外の国内問題の解決には不十分であった。

こうした背景のもと，経済開発と共にその国の人々の生活ぶりがどれだけ豊かになったのかを図ることにより，豊かさに対して再評価しようという動きが登場し始めた。それが人間開発（Human Development）だ。

2．人間開発に先立つ人的資本論

人間開発が登場する以前に，経済開発における人々の役割の重要性を説いたのが，人的資本論だ。セオドア・ウィリアム・シュルツ（Theodore William Schultz）は，新古典派経済学の立場から，途上国の経済成長にとって最も重要な要素は，人的資本への投資だと考えた。彼によると，途上国が貧しいのは，人的資本への投資が少ないためであり，政府による過度の介入あるいは保護主義的な輸入代替工業化では，市場が歪められてしまうと考えた。

したがって，貧困問題を解決するためには，①人的資本への投資を促進し，②政府の介入を極力おさえることによって市場の歪みを正し，③比較優位にたった輸出志向型工業化戦略を採用することが必要となる。

シュルツは，途上国の農業の生産性が低いのは，途上国では農民に対する人的資本への投資が低いからであると考えた。従来の経済学では，自然資源，労働，資本が生産の3要素であるとされ，経済成長は，この3要素の投入量と限界生産性によって決定されると考えられていた。しかし，成長の源泉をみると，経済成長は，これら3要素だけでは説明できず，その他の要因の果たす役割が大きいと考えた。

この要因として，シュルツが注目したのが，人的資本への投資だ。人的資本に投資することによって，人々の知識や熟練が向上すると，労働生産性が向上し，経済成長に大きく貢献する。その際，人的資本を形成する基本的な要素は，教育と健康が最も重要であると考えた。

教育に対する支出は，単なる経常的な消費ではなく，将来にわたって所得をもたらす投資とみなすべきで，教育の経済的価値を計測できるならば，他の代替的な投資との間で収益率を比較することができる。個人レベルで，より合理的な支出選択基準が得られるだけでなく，国民経済レベルでも，より広い開発投資の選択基準が得られることになる。教育投資は高い私的収益をもたらすだけではない。一国の経済成長にとって，教育への投資が高くなれば，社会的収益率も高くなる。したがって，人的資本への投資こそ，途上国が経済成長する手段である[1]。

シュルツの考えの特徴は，途上国の貧しい農民も経済合理的な行動を追求し，変化する経済状況と，機会に適応できる意欲あふれる存在と考えた点にある。この点は，BHN アプローチの絶対的貧困層を自立させることにより，途上国の経済成長が可能となるという考え方に相通じるものがある。

シュルツの考えの問題は，人的資本をあくまでも経済成長のための要素と捉えたことだ。そこには，人間を単なる労働力としか見ておらず，彼らの人権や権利に対する認識が欠如している。

3．人間開発とは何か

人間開発とは，「開発の基本的な目標は人々の選択肢を拡大することである。」と，人間開発指数（Human Development Index）の発案者であるマブーブル・ハック（Mahbubul Haq）は述べている[2]。

人間開発は，社会の豊かさや進歩を測るのに，経済指標だけでなく，数字として現れなかった側面も考慮に入れようとして生まれた。人間が自らの意思に基づいて，自分の人生の選択と機会の幅を拡大させることを開発の目的としている。そのためには健康で長生きすること，知的欲求が満たされること，一定水準の生活に必要な経済手段が確保できることをはじめ，人間にとって本質的な選択肢を増やしていくことが必要だとしている。基本的な物質的・経済的豊かさに加え，教育を受け文化的活動に参加できること，バランスのよい食事がとれて健康で長生きできること，犯罪や暴力のない安全な生活が送れること，自由に政治的活動ができて自由に意見が言えること，社会の一員として認められ，自尊心を持てること。これらが揃って真の意味の「豊かさ」が実現できるという考え方だ[3]。

UNDP（国連開発計画）は，人間開発が対象とする範囲を以下のように示している。人々が自らの可能性を開花させ，それぞれの必要と関心に応じて生産的かつ創造的な人生を開拓できるような環境を創出すること。人々にとって，価値ある人生を全うできる選択肢の拡大こそが開発だ。経済成長は，開発にとって重要ではあるが，人々の選択肢を拡大するためのひとつの手段にしかすぎない。

この選択肢の拡大の基礎となるのが，人間の能力（human capabilities）の育成だ。人間開発のための最も基本的な能力は，長寿で健康な人生を送ること，知識を獲得すること，適正な生活水準を保つために必要な資源を入手すること，地域社会の活動に参加することだ。これらの能力を獲得できなければ，そのほかの選択肢にも手が届かず，人生における多くの機会を逸してしまう。

人間開発の経済的豊かさ以外の能力・権利を追求・獲得するという考えは，人権の獲得に相通じる。人権の目的は人間の自由だ。自由とは，自らの能力を高め，権利を実現するうえで必要不可欠なものだ。人々は，選択権の行使と意思決定過程への参加の自由が確保されるべきだ。人間開発と人権は，相互に補完し合い，すべての人々の福祉と尊厳を確保し，自尊心の向上と他者に対する尊敬の念の醸成に貢献するものだ[4]。

人間開発の究極の目的は，人間が人間らしく生きていけることができる社会，そのために必要な政治・経済・社会的環境の整備だ。

こうした考えのもと，人々の置かれた状況を数値化し，まとめたものが『人間開発報告書』（*Human Development Report*：HDR）だ[5]。

4．BHNと人間開発論

人間開発はBHNの考えを踏まえながら，それをさらに発展させた概念だ。しかし，その目指すものは異なる。BHNは，人間の生存，尊厳に関わるニーズの獲得を目的としており，人間を中心においた発展の出発点となっている。

しかし，人間の生存に必要なニーズの獲得に重点を置くあまり，それが自己目的化してしまい，人間性の獲得・発揮という人権意識が忘れられがちだ。言い換えれば，資本主義社会で生き抜く力＝労働力を提供できる人間になることが目的化することになる恐れがあるということだ。

その主客転倒を改め，人間そのものの「存在するニーズ」（保護，愛情，相互理解，参加，余暇，創造，アイデンティティ，自由など，人間が人間としてあるべきもの）と，そのために必要な「所有ニーズ」（衣食住や教育など，人間が生きていく上で必要なモノ）を明確にわける必要がある。

BHNが，人間らしく生きるのに必要な物的条件を整えることに主眼が置かれているのに対し，人間開発は，「生きること（living）」，「どのような状態にあるのか（being）」，「何をするか（doing）」に注目する[6]。

BHNが，援助を通した自立に重点がおかれているのに対し，人間開発は，個々の人間の社会参加の側面に重点がおかれている。

人間開発のためには，人間を取り巻く社会環境の改善が図られなければならず，そこから人間優先分野（human priority areas）への支援が重視される。BHNが，社会インフラを重視するのに対し，人間開発は，貧困，環境，栄養，保健，教育，女性，居住などの分野を重視し，人間開発のための社会環境を整え，人間開発指標を高めることが必要であると考える。

開発戦略の立案，推進，評価のすべての段階で，民衆参加を重視している点が，BHNとは大きく異なる点だ[7]。

表5-1　BHNと人間開発の違い

BHN	人間開発
人間らしく生きるのに必要な物的条件を整えることに主眼	「生きること（living）」，「どのような状態にあるのか（being）」，「何をするか（doing）」に注目
援助を通した自立に重点	個々の人間の社会参加の側面に重点
社会インフラを重視	人間開発指標を高めることが必要

出典：筆者作成。

人間はただ存在しているだけではなく，社会の構成員の一員であるという実態・実感が必要だ。人間開発のためには，社会参加が必要なのだ。

5．『人間開発報告書』と経済開発

『人間開発報告書』は，経済的議論の喚起，政策提言および人々への啓蒙・啓発という観点から，開発プロセスの中心に人間開発を据えることを目的に1990年に創刊された。同書は，「人々の，人々による，人々のための開発」をもたらし，選択肢の拡大と自由の達成を目指している。

開発援助の目的を，ひとりでも多くの人々が人間としての尊厳にふさわしい生活ができるように手助けすることであると位置づけ，一国の開発の度合いを測定する尺度として，1人当たりGDP，平均寿命，就学率を基本的要素として，独自の数式に基づき人間開発を指数化している（図5-1）[8]。

図5-1 人間開発指数（HDI）の計算の仕方

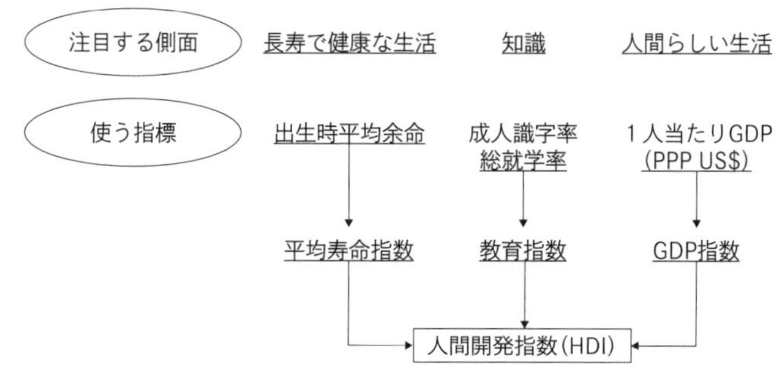

出典：国連開発計画（UNDP）(2003)『人間開発ってなに？』9頁より作成。

「持続可能な人間開発」をめざすためには，経済成長を生み出すだけでなく，その恩恵を公平に分配できるような開発でなければならない[9]。

『人間開発報告書』は，毎年，人間開発指数を発表し，各国比較を行っている。また，人間開発指数（Human Development Index：HDI）だけではなく，ジェンダー開発指数（Gender-related Development Index：GDI），ジェンダー・エンパワーメント指数（Gender Empowerment Measure：GEM），人間貧困指数（Human Poverty Index：HPI）の4つの人間の豊かさを図る指数も同時に発表している[10]。

人間開発指数の意義は，一国の「開発」を，所得の増大ではなく，長寿，知識，人間らしい生活水準の3つの分野について測ったことだ。この指標を使って，各国のHDIを見ていると，スイス，ノルウェー，アイスランド，香港，オーストラリアなどが高くなっている（表5-2）。

GDP大国のアメリカは21位，中国は79位，日本は19位だ（*Human Development Report 2021/2022*）。これらの国が，GDP大国であることを考えれば，経済成長に見合うHDIとは言えない。特に，日本は，『人間開発報告書2007/2008年版』では8位だったことを考えると，経済成長だけではなく，人間開発も低下していることになる。

なぜ，日本の人間開発指数は低いのか。人間開発指数を計測する際の指数は，平均余命，予想就学年数，平均就学年数，1人当たり国民総所得からなる。日本は，このうち平均余命は世界1位，予想就学年数29位，平均就学

表5-2 HDIランキング

順位	国名	HDI指数	平均余命年数	予想就学年数	平均就学年数	1人当たり国民総所得
1位	スイス	0.962	84.0	16.5	13.9	66,933
2位	ノルウェー	0.961	83.2	18.2	13.0	64,660
3位	アイスランド	0.959	82.7	19.2	13.8	55,782
4位	香港	0.952	85.5	17.3	12.2	62,607
5位	オーストラリア	0.951	84.5	21.1	12.7	49,238
6位	デンマーク	0.948	81.4	18.7	13.0	60,365
7位	スウェーデン	0.947	83.0	19.4	12.6	54,489
8位	アイルランド	0.945	82.0	18.9	11.6	76,169
9位	ドイツ	0.942	80.6	17.0	14.1	54,534
10位	オランダ	0.941	81.7	18.7	12.6	55,979
11位	フィンランド	0.940	82.0	19.1	12.9	49,452
12位	シンガポール	0.939	82.8	16.5	11.9	90,919
13位	ベルギー	0.937	81.9	19.6	12.4	52,293
14位	ニュージーランド	0.937	82.5	20.3	12.9	44,057
15位	カナダ	0.936	82.7	16.4	13.8	46,808
16位	リヒテンシュタイン	0.935	83.3	15.2	12.5	146,830
17位	ルクセンブルグ	0.930	82.6	14.4	13.0	84,649
18位	イギリス	0.929	80.7	17.3	13.4	45,225
19位	日本	0.925	84.8	15.2	13.4	42,274
19位	韓国	0.925	83.7	16.5	12.5	44,501

出典：UNDP, *Human Development Report 2021/2022*, p. 272より作成。

年数7位，1人当たり国民総所得22位となっている。経済成長が低下していることと，予想就学年数が低いことが原因だ。予想就学年数とは，1人の人間が，生涯に教育を受けると予想される年数のことだ。日本では，小学校から大学まで学ぶとすると16年かかる（実際は15.2年）。

予想就学年数が最も長いオーストラリアは21.1年だ。この差は，社会人教育だ。日本は，いったん社会に出ると，教育を受ける機会がないが，世界は常に就学機会に恵まれている。日本政府が，リカレント教育，リスキリング教育を主張する理由はここにある。問題は，社会が必要とする教育を教育機関が提供できるのか，提供できたとしてもその知識・技能を生かす場所・機会が社会にあるのかということだ。形ばかりの，社会人教育ではメガコンペティションに太刀打ちできない。

停滞し続ける経済力についても，同様のことが言える。誰が総理大臣になっても「成長」と「分配」だけを主張し，日本の経済社会の変化，国民の意識変化を見ようとしない現在の政治では，日本社会が陥っている構造的問題を解決することはできない。今，日本社会は確実に縮小しつつある[11]。

経済成長と人間開発指数の高さは一致しない。人間開発指数からみると，物質的豊かさ＝人間的豊かさではないことがわかる。2003年のジャマイカとモロッコの所得はそれぞれ，3720ドルと3600ドルとほぼ同じ水準だが，HDIでは，0.757（78位）と0.606（126位）と大きな差が生じる。これは成人識字率がジャマイカ87.3％，モロッコ49.8％と大きく異なっていることが一因である。また，ベトナムとパキスタンも，それぞれの所得は2070ドル，1890ドルで大差はないが，HDIでみると，それぞれ0.638（109位）と0.439（144位）とかなり異なる。やはりこの差も，成人識字率が，ベトナムとパキスタンでは，92.7％，44.0％と大きく開いていることが理由だ。

タイとフィリピン，ボツワナとスワジランドのように所得がかなり異なるにもかかわらず，HDIで見ると0.768（74位）と0.751（85位），0.614（125位）と0.547（133位）とほぼ同じになる例もある。所得が低くても人間開発を進めることができることがわかる[12]。逆に，所得が高いにも関わらず，HDIが低いということは，質的成長が十分ではないということだ（図5-2）。

図 5-2　同じ所得でも HDI が異なる事例

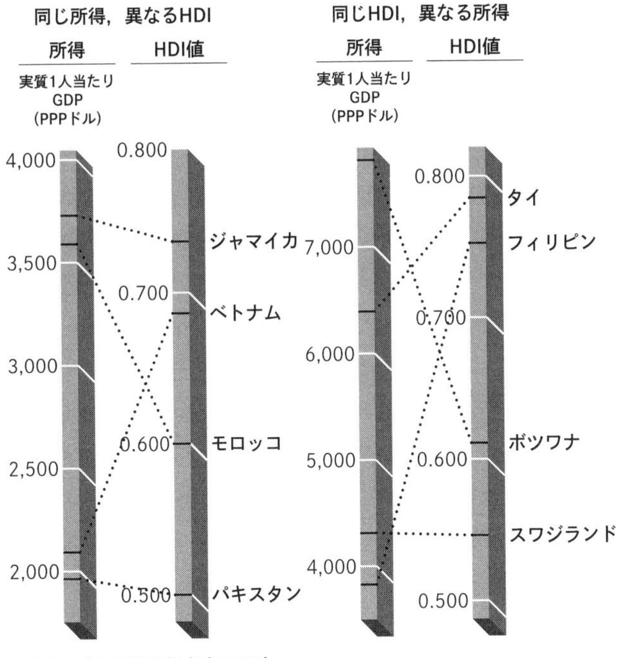

出典：『人間開発報告書 2003』。

人間開発とは，教育や保健・医療，人間らしい生活水準だけを向上させるものではない。HDI では，政治的自由や地域の社会生活への参加，身体的な安全は測られていない[13]。

人間開発は，決して人間にとって必要なすべての問題を測定できるわけではないが，それまでの物的指標のみを豊かさとした価値判断＝成長至上主義とは異なり，また，BHN のように人間を取り巻く社会環境の援助だけではなく，本来人間が有している潜在能力の開花・発現に着目している点で，より進んだ概念といえる。

6．人間開発論を発展させたセンの開発論

人間開発論をさらに発展させた議論として，アマルティア・セン（Amartya

Sen）の「自由としての開発（Development as Freedom）」論がある。センは，開発とは人々が享受する様々な本質的自由を増大させるプロセスであると見て，自由としての開発は，従来のGNPの成長，個人所得の上昇，工業化，技術進歩，社会的近代化などと同一視する開発論より広い概念として位置づけている。開発の目的は，貧困と圧政，経済的機会の乏しさと制度に由来する社会的窮乏，公的な施設の欠如，抑圧的国家の不寛容あるいは過剰行為などの不自由の主な要因を取り除くことだ。なぜなら，現代世界は前例がないほど豊かになっているにもかかわらず，膨大な数の人々に対して基本的な自由が与えられていないからだ。

時として，本質的な自由の欠如は，経済的貧困に直接関係がある。例えば，飢えを満たし，十分な栄養を摂取し，治すことのできる病気の治療を受ける自由や，必要な衣料を身にまとい，雨露をしのぐ住居を得，清潔な水や衛生施設を享受する機会を人々から奪う等だ[14]。

さらに，自由は開発の過程にとって何よりも重要だ。第1に，進歩の測定は，人々が持つ自由が強化されたかどうかという評価に関わる。経済開発の結果，人々がどれだけ自由を獲得したのかということだ。逆に，自由がなければ，その開発過程は不十分だ。第2に，開発の達成は人々の持つ自由な力に依存しており，異なった種類の自由がお互いを強化するような相互連関性があったのかという効果に関わる。適切な社会的機会が与えられれば，個々の人間は自分の運命を効果的に構築し，互いに助け合うこともできる[15]。

開発とは，相互に関連する本質的自由が一体となって拡大していくことだ。様々な自由は，開発の基本的な目的であるだけではなく，開発の主な手段だ[16]。

開発の目的は，それによって影響を受ける人たちがどのような自由を享受できるかという評価に関係する。自由の考え方は，開発の目的と手段にとって中心にならなければならず，人間は機会を与えられれば，自らの運命の形成に積極的に関与できる。経済的便益，政治的自由，社会的機会，透明性の確保，保護の保障などの制度がそなわっている（＝自由化）必要がある[17]。

これらの自由が獲得されているかどうかによって開発が達成されたかどう

かが判断できる。

7．新たなパラダイム転換に向けて

開発経済学の目的は，物的成長→質的成長→人間開発へと変遷してきた。さらに，2000年9月の国連ミレニアム・サミットで採択されたMDGs（Millennium Development Goals：ミレニアム開発目標），2015年のSDGs（Sustainable Development Goals：持続可能な開発目標）へと受け継がれている。開発経済学は，貧困をモノのない状態から人間の選択肢の少なさに注目し，人間の潜在能力を高めることに焦点があてられるようになった。また，貧困，低開発を個別の課題としてみるのではなく，インクルーシブなものとして認識するようになった。

しかし，人間開発にも乗り越えなければならない課題がある。それは，人間開発によって潜在能力が開化し，選択肢を拡大した人間は，どこでその潜在能力を発揮するのかということだ。それは市場においてである。市場経済が社会の中心にある資本主義社会では，市場を通して賃金を獲得し，得た賃金で市場において必要な生活手段を手に入れるからだ。

したがって，人間開発は人間中心の発展概念であるとはいえ，最終的には市場に役立つ人間としての能力向上ということになる。これは，市場の論理，ひいては資本の論理に沿う人間になるという意味で，人的資本論と同じだ。問題は，市場をどう理解するのか。市場とどう向き合うのかということだ。この段階において，開発経済学は新たなパラダイムに入ったと言える。筆者が，平和経済学を提唱する理由もここにある。

平和経済学とは，従来の価値観で見落とされていたもの，資本主義社会では必要悪とされていたものを見直し，再構築しようとするものだ。この平和経済学の意義については，後で詳しく述べたいと思う。

注

1　人的資本論については，以下を参照されたい。Schultz, T. W. (1972), *Human Resources*, Coulumbia University Press.（土屋圭造監訳／小平裕・川上隆市訳『貧困の経済学』東洋経済，

1981年。)

2 国連開発計画(UNDP)東京事務所,http://www.undp.or.jp/hdr/

3 国連開発計画(UNDP)(2003)『人間開発ってなに?』5頁。

4 前掲,国連開発計画(UNDP)東京事務所URL。

5 UNDP (1990), Human Development Report, p. 9.

6 阪本公美子(1997)「人間開発と社会開発」西川潤編『社会開発　経済成長から人間中心型発展へ』有斐閣選書,117-125頁。

7 西川潤「社会開発の理論的フレームワーク」同上書,8-10頁。

8 前掲,国連開発計画(UNDP)東京事務所URL。

9 国連開発計画(UNDP),前掲書,5頁。

10 ジェンダー開発指数(GDI:Gender-related Development Index):人間開発の視点から,HDIと同じ3つの基本的条件(長命,教育,所得)に注目した指数であるが,GDIは特にジェンダーの不平等に焦点をあてたもの。HDIと異なるのは,GDIでは平均寿命,識字率と平均教育達成率,所得のそれぞれを男女格差に従って調整していること。

ジェンダー・エンパワーメント指数(GEM:Gender Empowerment Measure):GDIと同様にジェンダー不平等を測るものであるが,女性が社会的,政治的,経済的にどのくらい力を持っているか(女性のエンパワーメント)を見ようとするもの。

人間貧困指数(HPI:Human Poverty Index):HPIは,従来の低所得=貧しい,という図式を超えた「人間貧困」という新しい貧困の姿を示すことに特徴がある。経済的な側面だけでなく,健康でないことや読み書きが十分できないことも貧困の一面であるという考え方からは途上国向けのHPI-1が,そして,貧困は社会的文化的な疎外も意味するのだという考え方からは先進国向けのHPI-2が生まれた。数値は,人が生活するうえでどのくらい選択肢が限られている(剥奪状況)か,各国の度合いを示している。

11 この点について,筆者なりの現在日本資本主義分析を行ったのが拙著(2022)『100均資本主義～「脱成長社会幸せな暮らし」のつかみ方』プレジデント社を参照されたい。

12 国連開発計画(UNDP),前掲書,10頁。

13 同上書,10頁。

14 Sen, Amartya (1999), *Development As Freedom*, Alfred A Knopf, Inc.(石塚雅彦訳『自由と開発』日本経済新聞社,2000年,1-2頁。)

15 同上書,2頁。

16 同上書,3頁。

17 同上書,57頁。

第6章

持続可能な開発と経済開発

1.「持続可能な開発」概念の登場

今日，持続可能な開発（sustainable development）という言葉を知らない人はいないし，この言葉を否定する人もいないだろう。それほど人々は，環境に優しい開発に関心をもっており，当たり前と考えられている。

この言葉が生まれたのは，それほど昔のことではない。最初に使われたのは，1980年にIUCN（International Union for Conservation of Nature and Natural Resources：自然及び天然資源の保全に関する国際同盟，通称：国際自然保護連合），UNEP（United Nations Environment Programme：国連環境計画）およびWWF（World Wide Fund for Nature：世界自然保護基金）がまとめた『世界環境保全戦略』の中だと言われている[1]。

その中で，世界を救う道は，人類の存続と幸福にとって生物資源を保全する開発を考え，実行することであり，自然保全と開発が調和することである。そのためには，開発のプロセスに自然保護を取り入れ，持続可能な開発を推し進めるべきである。それをしない限り，たとえ開発が人類のニーズを満たし，生活の質的向上をもたらしたとしても，それは一時的なものにすぎない，と指摘した[2]。

1987年には，環境と開発に関する世界委員会（WCED：World Commission on Environment and Development，通称「ブルントラント委員会」）が，『我ら共有の未来』（*Our Common Future*）の中で使用したことで，世界中に広まり使われるようになった。

同報告書は，持続可能な開発を「将来世代のニーズを満たす能力を損なうことなく，現在の世代のニーズも満足させるような開発」と定義した。この考え方は，優先されるべきは，世界の貧しい人々にとって不可欠な「必要物」の確保であり，他方で，現在ならびに将来の世代の欲求を満たせるだけの環境保護に対する配慮が必要であるということだ[3]。

言い換えれば，①成長を維持するには，地球環境という物理的制約条件があるので，成長の在り方を政治的意思・政策によって方向転換し，自然生態系を壊さない範囲で資源の採取や利用を行わなければならない。②成長を持続するには，すべての人々のBHNを満たし，南北間の格差を是正することが必要であり，そのためには国内並びに国際レベルでの合意に基づく，持続可能な開発が必要であるということだ。

1991年には，『新世界環境保全戦略』が提唱された。その中では，「生存を賭けるのか，持続可能な生活様式をとるのか」と問い，新たな開発戦略を求めた。具体的には，第1に，将来の世代が満足のゆく生活を送るために，新しい考え方に立脚した開発が必要であること。そのために，現在世代は，今までと異なる生き方をしていくことが必要であること。第2に，人類は生きていくのに必要なものを地球資源に頼っているにも関わらず，今の経済システムは，文明が存続できるか否かの賭けをしているようなものであり，そのシステムを転換しなければならないということ。第3に，人類はまだこの賭けに勝てる望みがあること。そのために，持続可能な生活様式に転換すれば，危険性を取り除くことは可能である，というものだ。

要するに，持続可能な社会の実現に向けて最も重要な対策は，地球環境を大切にする生活様式への転換だということだ。

持続可能な生活様式のためには，個人や地域社会，国家のあらゆるレベルにおいて新しい行動規範が必要である。新しい生活様式の実践には，人々の生活態度と習慣を根本から変える必要がある。そのためには，持続可能な生活様式のための倫理観の重要性を教育に反映させ，それを広めるための啓蒙活動を徹底しなければならない。

地域社会こそ，持続可能な生活様式を確立するために必要な活動の中心であり，その権限も地域社会に委譲しなければならない。

では，持続可能な社会を実現するための基本原則とは何か。それは，他の人々と協調し，自然と調和する義務を認めるか否かである。指針となる原則は，人間同士が互いに分かち合い，地球を大切にし，必要以上に自然を収奪するような生活様式や開発はしないということだ。そのための基本原則は以下の通りである。

① 生命共同体を尊重し，大切にすること
② 人間の生活の質を改善すること
③ 地球の生命力と多様性を保全すること
④ 再生不能な資源の消費を最小限に食い止めること
⑤ 地球の収容能力を越えないこと
⑥ 個人の生活態度と習慣を変えること
⑦ 地域社会が自らそれぞれの環境を守るようにすること
⑧ 開発と保全を統合する国家的枠組みを策定すること
⑨ 地球規模の協力体制を創り出すこと

出典：国際自然保護連合／国連環境計画／世界自然保護基金（1999）『かけがえのない地球を大切に　新・世界環境保全戦略』より筆者作成。

この9つの原則のうち，①は全体の倫理的基盤であり，②～⑤は満たされるべき基準を，⑥～⑨は個人・地域・国家・国際的レベルで進むべき方向性を示している[4]。

1980年から1990年代にかけ，持続可能な開発は，人類共通の取り組むべき理念として行動規範となった。この人類史的課題に応える形で開催されたのが地球サミットだ。

2．世界が注目した地球環境サミット

環境問題は，20世紀後半に先進国・途上国を問わず，取り組まなければならない課題として浮上した。その中でも，気候変動問題は各国が最も積極的に取り組んできた課題のひとつだ。

1992年のブラジルのリオ・デ・ジャネイロで開催された「環境と開発に関する国際連合会議」（通称「地球環境サミット」）は，人類共通の課題である地球環境の保全と，持続可能な開発の実現のための具体的な方策につい

て，約 180 カ国の参加，100 カ国余の国家元首または首相，約 2000 人以上の NGO や地方公共団体が参加した大規模な会議となった。

地球環境サミットでは，前文と 27 項目の原則から構成された「環境と開発に関するリオ宣言」（通称，リオ宣言）が採択された。リオ宣言は，以下の通りだ。

リオ宣言（要約）

前文	すべての者のための利益を尊重し，地球的規模の環境および開発のシステムの一体性を保持する国際的合意に向けて作業し，地球の不可分性，相互依存性を認識する。
第 1 原則	人類は持続可能な開発の関心の中心に位置
第 2 原則	自国の資源を開発する権利および管轄地域外の環境に損害を与えない責任
第 3 原則	現在および将来の世代の開発および環境上の必要性を公平に充たすような開発の権利の行使
第 4 原則	環境保護と開発の不可分性
第 5 原則	貧困の撲滅に向けた国際的協力
第 6 原則	発展途上国の特別な状況および必要性への特別な優先度の付与
第 7 原則	グローバル・パートナーシップと各国の共通だが差異ある責任
第 8 原則	持続可能でない生産，消費様式の見直しと適切な人口政策の推進
第 9 原則	技術開発の強化による持続可能な開発に向けた各国の対応能力の向上
第10原則	情報等への適切なアクセス，司法および行政手続への効果的なアクセス
第11原則	効果的な環境法の制定およびその適用される環境と開発の状況を反映した環境基準等
第12原則	輸入国の管轄外の環境問題に対処する一方的な行動の回避
第13原則	環境悪化の被害者に対する責任および補償
第14原則	環境悪化等を引き起こす活動および物質の他国への移動の防止に向けた協力
第15原則	環境保護のための予防的措置の広範な適用
第16原則	PPP（汚染者負担原則）と環境費用の内部化，経済的手段の使用の促進
第17原則	環境アセスメント
第18原則	自然災害等の緊急事態の関係国への通知および国際社会による被災国への支援
第19原則	国境を跨ぐ環境影響をもたらしうる活動の関係国への事前通告および協議
第20原則	環境管理と開発における女性の重要な役割
第21原則	若者の創造力，理想，勇気が果たす役割
第22原則	知識および伝統に鑑み，環境管理と開発における先住民の重要な役割
第23原則	抑圧下にある人々の環境および天然資源の保護
第24原則	武力紛争時における環境保護に関する国際法の尊重
第25原則	平和，開発，環境保護の相互依存性
第26原則	環境に関する紛争を平和的に国連憲章に従って適切な手段で解決
第27原則	本宣言の諸原則の実施等のための各国および国民の協力

出典：国連環境開発会議「環境と開発に関するリオ宣言」1992 年より筆者作成。

この「リオ宣言」以外にも,「気候変動枠組条約」,「生物多様性条約」,「森林原則声明」,「持続可能な開発のための人類の行動計画アジェンダ21(通称：アジェンダ21)」が採択された。

地球環境サミットの最大の成果は，地球環境保全が全人類共通の課題であるということを確認したことだ。その具体的なものが前述の「アジェンダ21」の採択だ。「アジェンダ21」は，持続不可能な経済成長モデルから，成長と開発に不可欠な環境資源を保護かつ更新させる経済活動へと世界を動かしていくための行動指針である。その行動領域には，大気保護，森林破壊や土砂流失および砂漠化への対応，大気・水質汚染の防止，魚種枯渇の防止，有害物質の安全管理の促進などが含まれる。また，開発途上国における貧困と対外債務，持続可能な生産と消費の行動様式，人口問題，国際経済の構造なども取り上げている。さらに，持続可能な開発の達成に貢献する女性，労働組合，農民，子どもと若者，先住民族，学術団体，地方自治体，企業，産業界，NGO（非政府組織）が果たす役割を強化する方法なども勧告している[5]。

その結果，世界的に環境保護運動に弾みがついた。

しかし，広範にわたる環境保護運動は，運動が拡大すればするほど，その限界を露呈することになった。特に,「野生生物の種の減少」,「地球温暖化」,「熱帯林の減少,」「砂漠化」,「開発発展途上国の公害問題」などは部分的にしか手がつけられなかったという指摘もある[6]。それは，様々な施策を実行するための財政的裏づけを欠いたからだ[7]。これは成果の影の部分と言える。アジェンダ21では，環境問題に対して多くの行動指針を指し示したことにより，環境保護運動が活発化したのは事実であるが，その運動を支える財政問題については，特に合意することがなかった。

要するに，環境保護運動をするにも，資金が必要であり，それは経済開発を阻害する要因となった。いわゆる「環境摩擦」だ[8]。

さらに，環境摩擦を巡り顕在化した対立は，先進国同士のそれだ。アメリカは，生物多様性条約への参加を先進国では唯一拒否した。温暖化防止条約を巡っても，経済への打撃を警戒するアメリカに配慮し，拘束力のある温室効果ガス抑制には先進国も一律規制を見送った。これに対し，欧州４カ国，EC 委員会（当時）は，2000 年の二酸化炭素排出量を，1990 年レベルに抑えると独自の目標を自主的に実施すると宣言した[9]。

今回の地球環境サミットの特徴は，従来の先進国対途上国という図式に加え，先進国対先進国という図式が新たに加わったことだ。後者は環境を重視する EC（現 EU）と経済開発に重きを置く米国，さらには日本との間にも立場の違いがあるなど，様々な問題も露呈することとなった。特に日本は，国連平和維持活動（Peacekeeping Operations：PKO）協力法案処理のため，宮澤喜一首相（当時）がサミットを欠席する代わりにビデオメッセージを送ろうとして，参加国から批判を浴びることとなった。主要国で唯一欠席した日本は，環境問題に対する認識・取組みに消極的であると世界中からひんしゅくを買うことになった。

さらに，「先進国対途上国」という図式についても，対立軸が大きく変わった。「環境派の先進国」と「開発派の途上国」という図式から，「環境の大切さを訴える途上国」と「（貧困脱出のための）開発の重要性を主張する先進国」という図式に様変わりした[10]。

地球環境サミットは，世界的規模で環境問題の重要性が認識された一方で，その温度差と解決するための財政確保の難しさを浮き彫りにさせたという意味で，大きな成果と新たな課題を残した。この認識をどのように埋め，財源をいかに確保するのかを議論するために開催されたのが，国連ミレニアム・サミット（2000 年）だ。

一方で，環境保全を巡る各国の利害対立も浮き彫りになった。先進国は，首脳演説を通し，環境保全に向けた積極的姿勢を表明し，森林関係の二国間援助の増大，地球環境ファシリティ（世界銀行等により管理され，地球環境保全に資するプロジェクトに無償資金供給を行う仕組み）の資金枠の拡大，資金援助の拡大方針などを表明した。

これに対し開発途上国は，悲惨な経済状態にある途上国が環境問題に取り組むことの難しさ，途上国における開発の権利（＝資源収奪の正統性）と，そのための特恵的条件による技術移転の重要性，貧困の撲滅にかかわる地球および国レベルでのより公平な資金分配，途上国の人口抑制責任，新規かつ追加的な資金供与の重要性などを訴え，先進国との意見対立が顕著になった。

地球環境サミットからも明らかなように，経済開発がもたらした環境破壊に対して，開発経済学は十分に，その目的を果たしたとは言えない。開発途上国は，自国の貧困問題解決＝経済開発を強く主張する一方，環境破壊に対する取組みも迫られるなど，「二重の課題」に直面することになったからだ。

開発経済学は，従来の開発途上国の低開発問題―貧困，飢餓など―の克服と，地球的規模の課題への対応という2つの課題に対処することを求められるようになった。

3．新たな開発目標としてのMDGs

MDGs（Millennium Development Goals：ミレニアム開発目標）とは，2000年9月に行われた国連ミレニアム・サミットにおいて採択された「国連ミレニアム宣言」をもとにまとめられた目標のことだ。

国連ミレニアム・サミットは，189の加盟国のうち，147の国家元首や政府首脳が集まった，当時としては史上最大規模の会合となった。このサミットで採択された国連ミレニアム宣言をもとに，8つの開発目標の達成を目指したものがMDGsだ。

MDGsが生まれた背景には，1980年代から90年代にかけての先進国による途上国への経済協力の反省がある。1980年代は，開発途上国の経済を市場経済メカニズムが機能するように改革することが，経済開発ひいては貧困の削減につながるという「構造調整プログラム」が開発協力の主流であった。

しかし，構造調整プログラムは，貧困の削減を思うように進められず，逆に貧困を悪化させることもあった。さらに，飢餓，格差，子どもの教育機会の収奪，HIV/AIDS，マラリアなどの感染症の蔓延，性別による労働環境の不平等，自然災害やジェノサイド（集団虐殺）など未解決の問題が表面化した[11]。

そのため，1990年代に入ると，貧困問題に対する新たな取り組みが国際社会の関心となった。それが，社会開発だ。社会開発とは，「経済発展に伴い生じがちな貧富の差や弱者の社会的疎外のような社会的なひずみを是正しつつ，社会の発展を促そうとするもの」だ[12]。

1995年に，デンマークのコペンハーゲンで世界社会開発サミットが開催されたが，その狙いは，世界の一部の人々が繁栄するのに対して，他方で貧困が拡大するなどの格差は容認できず，早急に是正する必要があるとの認識からだ[13]。

社会開発の目標は，「人間中心の社会開発」であり，世界の絶対的貧困を半減させようというものであった。この会議では，世界が力を合わせて人間中心の社会開発に取り組んでいくことが宣言された。

MDGsは，こうした社会開発の理念を継承し，それをより具体化したものだ。国連ミレニアム宣言は，7つのテーマ，⑴平和，安全および軍縮，⑵開発および貧困撲滅，⑶共有の環境の保護，⑷人権，民主主義および良い統治，⑸弱者の保護，⑹アフリカの特別なニーズへの対応，⑺国連の強化について，国際社会が連携・協調して取り組むことをうたった。

この国連ミレニアム宣言と，1990年代に開催された主要な国際会議やサミットで採択された国際開発の目標を統合し，ひとつの共通の枠組みとしてまとめたのが，ミレニアム開発目標（MDGs）だ。

この宣言を実現するために，8つの目標と21のターゲット，60の指標が設定された。8つの目標とは，以下の通りだ。

1．極度の貧困と飢餓の撲滅
2．普遍的初等教育の達成
3．ジェンダーの平等の推進と女性の地位向上
4．乳幼児死亡率の削減
5．妊産婦の健康の改善
6．HIV/エイズ，マラリアその他の疾病の蔓延防止
7．環境の持続可能性の確保
8．開発のためのグローバル・パートナーシップの推進

出典：国連ミレニアム宣言をもとに筆者作成。

これまで開発途上国の主な課題は，飢餓や貧困をはじめとした低開発（から発生する）問題であった。一方で，新たな課題としてジェンダー，感染症，環境破壊などが生じたが，今まではこれらの課題には，個別に対応してきた。

MDGs は，途上国はもちろん，先進国で起きているあらゆる政治・経済・社会問題を網羅的に把握し解決することが，開発途上国の経済開発はもちろん，先進国のさらなる成長にとっても必要であると認識させるきっかけとなった。

ここに至って，人類は初めて，世界共通の具体的な課題解決に向けて協働して対応することに合意した。

4．MDGs の成果と課題

MDGs は，15 年におよぶ取り組みの結果，いくつかの分野で成果を上げた。例えば，MDGs のゴール 1 に掲げられた「極度の貧困と飢餓の撲滅」では，極度の貧困状態[14]に置かれている人の数は，1990 年の 19 億人から 2015 年には 8.4 億人へと半減した。また，ゴール 6 で掲げられた「疾病対策」についても，エイズ感染は 40％減，マラリア感染からは約 620 万人，結核からは約 3700 万人もの命が救われた。さらに，女性の社会進出や幼児死亡率の改善も見られた。

これらは，国連が中心となって，先進国がかつてないほどの援助・協力をした結果だ。

この間，開発経済学が途上国の低開発状態に焦点をあて，様々な経済理論・政策を定立したにもかかわらず，十分な成果が上がらなかったことを考えるならば，国際協力，国際支援がいかに重要であるかがわかる。

MDGs の成果

目標	成果
極度の貧困と飢餓の撲滅	貧困率が半分以下に減少 47％（1990 年）→ 14％（2015 年）

普遍的な初等教育の達成	2000年から小学校の児童の就学率が著しく向上 83%（2000年）→91%（2015年）
ジェンダーの平等の推進と女性の地位向上	開発途上地域は初等，中等，および高等教育で男女格差を解消した 過去20年間で174カ国のほぼ90%の女性が政治に参加する基盤を得た
幼児死亡率の引き下げ	予防可能な疾病による幼児死亡数の著しい低下は，人類史上で最も偉大な成果 90人/1000人（1900年）→43人/1000人（2015年）
妊産婦の健康状態の改善	妊産婦の健康状態に一定の改善が見られた 1990年の妊産婦の死亡率に比べ，2013年には45%減少
HIV/エイズ，マラリア，その他の疾病の蔓延防止	HIV/エイズ感染者が世界の多くの地域で減少 HIV/エイズ新規感染者数は2000年から2013年で約40%低下 マラリアと結核の蔓延が止まり，減少 2000年から2015年の間に，620万人以上の人がマラリアによる死を免れた
環境の持続可能性の確保	安全な飲み水とオゾン層保護に関する目標を達成 改良された飲料水源を使用76%（1900年）→91%（2015年）
開発のためのグローバル・パートナーシップの構築	ODA，携帯電話加入者数，インターネットの普及における世界的な進歩 携帯電話契約数7億3800万人（2000年）→70億人（2015年） インターネット普及率6%（2000年）→43%（2015年）

出典：国際連合『国連ミレニアム開発目標報告2015―MDGs達成に対する最終評価―』2015年7月6日より筆者作成。

一方で，MDGsには，以下の問題が残された。

第1に，国内における格差については十分に目が向けられていないこと。MDGsは，国としての達成状況を測定するマクロ指標だ。しかし，アジアように，経済成長を達成している国でも，国内を見ると，地域間，所得間，階層間などの格差が拡大しているケースもみられる。さらには，社会的弱者――女性，子ども，障がい者，高齢者，難民など――が置き去りにされている場合も見られる。

第2に，環境汚染や気候変動への対応が不十分であること。環境汚染・気候変動への対策や，頻発する自然災害に対処するための防災などが，不十分なことだ。これは，環境保護よりも経済開発に重きを置いてきたため，環境破壊がより深刻な問題になってしまったということだ。したがって，MDGs

は，環境を配慮した経済開発の転換が必要であることを明らかにしたといえる。

第3に，MDGsの取り組み主体が国連や政府にとどまっていたことだ。MDGsの目標達成に向けて，主体的に取り組んできたのは国連や各国政府であり，企業や個人は関与してこなかった。企業こそ経済活動を通して環境に最も密接に結びついている主体であるにもかかわらずだ。その結果，環境保護に対して十分な成果を上げることができなかった[15]。

したがって，MDGsには次の課題が残された。

第1に，男女間の不平等をいかに解消するのか。女性は，男性より貧困状態に置かれており，その傾向が顕著である。特に，就職や財産，様々な意思決定で性別による差別をいかに解消するのかが問われた。

第2に，貧困層と富裕層，都市部と農村部などにおける格差の是正だ。貧困層と富裕層，都市部と農村部の間には，いまだに大きな格差がある。貧困家庭の5歳未満の幼児死亡率は，富裕家庭の子どもに比べ2倍高く，貧困家庭の子どもは，富裕家庭の子どもに比べ，学校に通えない割合も4倍高いとされている。また，都市部で安全な衛生施設を利用できない人の割合は18%であるのに対し，農村部では50%に上る。

第3に，気候変動と環境悪化だ。開発途上国が開発を推し進めた1990年以降，世界の二酸化炭素排出量は50%以上も増加した。さらに，水にアクセスできない人口は，世界の40%に及び，今後もその割合は増加すると懸念されている。

第4に，紛争の脅威だ。紛争により家を失った人の数は，2014年で約6000万人にのぼる。1日当たり平均4万2000人が，強制的に移動させられ，保護を求めている計算だ。これは2010年の4倍にあたり，紛争の脅威が依然深刻なままだ。また，紛争の影響を受けている国々は，貧困率も高く，貧困撲滅のためにも紛争はなくす必要がある。

第5に，飢餓と貧困の問題だ。2015年で，いまだ約8億人が極度の貧困の中で生活し，飢餓に苦しんでいる。また，5歳未満の子どもが，毎日約1万6000人のペースで亡くなっているが，彼らの多くは十分な予防医療を受けられていない。さらに，世界の約半数の労働者が，いまだに不安定な労働環境のもとで働いているという課題も残されたままだ[16]。

このようにMDGsは，多くの成果を上げた一方，さらなる課題をも明らかにすることになった。

MDGsの残された課題

男女間の不平等が続く	・女性は，就業機会，資産，講師の意思決定においていまだに差別に直面している ・国会議員に占める女性の割合はいまだに5人に1人
最貧困層と最富裕層，都市部と農村部の格差の存在	・最貧困層家庭の子どもは最富裕層家庭の子どもに比べ，4倍の割合で学校に通っていない ・最貧困層家庭の5歳未満の幼児死亡率は，最富裕層家庭の子どもに比べ2倍高い ・農村部で生活している人々の50%は安全な衛生施設を有していない
気候変動と環境悪化が達成すべき目標を阻んでいる	・世界の二酸化炭素排出量は，1990年以降50%以上増加している ・水不足は世界の人口の40%に影響を及ぼし，今後もその割合は増加すると見込まれている ・海洋漁業資源の乱獲は，生物学的利用限界内の資源割合の90%（1974年）から71%（2011年）へ減少
紛争は人間開発の最大の脅威である	・2014年末紛争によって家を捨てた人の数は，約6000万人以上 ・紛争により，毎日42000人が強制労働を強いられている
数百万人の貧しい人達は，いまだに基本的サービスへアクセスできず，貧困と飢餓の中で暮らしている	・約8億人がいまだに極度の貧困の中で生活している ・世界の約半数の労働者がいまだに望ましくない環境の中で働いている ・毎日約16000人の子供が，5歳の誕生日を迎える前に死亡 ・24億人が改善されていない衛生施設を使用している ・9億4600万人が屋外排泄を行っている ・8億8000万人がスラムのような環境下で生活している

出典：同上書より筆者作成。

これらの課題は，もはや一国レベルでは解決することができないほど，複雑かつ多岐にわたっている。その結果，「ポストMDGs」の策定への取組みが求められることになった[17]。

5．地球環境サミットから持続可能な開発へ

1990年代，2つの課題を抱えることになった経済開発であるが，これはそ

れぞれが独立した課題ではない。従来の量的成長のみを追求する経済開発が持つ問題点のひとつに環境破壊が含まれており，環境破壊を防止するには，従来の経済開発を見直す必要があるからだ。それを示唆したのが，前述した地球環境サミットでリオ宣言とともに採択された「アジェンダ 21」だ。

アジェンダ 21 は，21 世紀に向け持続可能な開発を実現するために各国および国際機関が実行すべき行動計画のことだ。内容は，4 つのセクションから構成されている。そのうちのセクションⅠが「社会的・経済的側面」であり，その第 2 章では「開発途上国における持続可能な開発を促進するための国際協力と関連国内施策」となっている。世界経済は，持続可能な開発へと大きく舵を切ることになった。

1992 年の地球環境サミットから 10 年後の 2002 年，国連は「持続可能な開発に関する世界首脳会議」を南アフリカ共和国のヨハネスブルグで開催した（ヨハネスブルグ・サミット）。同会議をめぐっては，先進国と開発途上国との格差や環境破壊が一向に改善されないことから，持続可能な開発に対する真剣な取り組みが感じられないという批判も出て，国際社会における地球環境問題の扱いに深刻な課題が生まれていると指摘された。

具体的には，第 1 に，人間社会には富める者と貧しい者に分断する深い溝が存在し，先進国と途上国との間で絶えず格差は拡大し，世界の繁栄，安全保障および安心に対する大きな脅威となっていること。

第 2 に，地球環境は悪化し続けていること。生物多様性の喪失は続き，漁業資源は減少し続け，砂漠化はますます肥沃な土地を奪い，地球温暖化の悪影響は既に明らかであり，自然災害はより頻繁かつ大規模になり，途上国はより脆弱になり，大気，水および海洋汚染は何百万人の人間らしい生活を奪い続けていること。

第 3 に，グローバリゼーションによる利益とコストは不公平に分配され，地球環境問題，持続可能な開発に対処するにあたり途上国が特別な困難に直面していること。

第 4 に，人類は，地球規模の格差を固定化する危険を冒しており，貧困層の生活を根本的に変えるように行動しない限りは，資本主義に対する信頼も

MDGsからSDGsへ

2001～2015
MDGs
ミレニアム開発目標
Millennium Development Goals
8ゴール・21ターゲット
途上国のための目標
国連の専門家主導

2016～2030
SDGs
持続可能な開発目標
Sustainable Development Goals
17ゴール・169ターゲット
すべての国のための目標
国連全加盟国で交渉

出典：外務省「わかる！国際情勢」https://www.mofa.go.jp/mofaj/press/pr/wakaru/topics/vol134/index.html

失いかねないということなど，いまだに貧困と環境破壊に対して有効な手立てが打てていないことが明らかとなった[18]。

MDGsは，途上国が直面していた人命の尊重や，生活環境は改善された一方，達成状況は国・地域・性別・年齢・経済状況などによって，様々な差があり，「取り残された人々」の存在も明らかとなった[19]。世界は，MDGs終了後に新たな目標を設定することが求められた。

6．MDGsからSDGsへ

MDGsの達成期限が迫る中，MDGsの後継として議論されてきたのが「持続可能な開発のための2030アジェンダ（2030アジェンダ）」だ。2015年9月25日から27日にかけて，国連本部において「持続可能な開発のための2030アジェンダを採択する国連サミット」が開催され，「2030アジェンダ」が全会一致で採択された。2030アジェンダの最大の特徴は，途上国だけではなく先進国を含むすべての国が取り組むという「ユニバーサリティ」にある。そして，多くの国や国際機関が様々な課題を挙げ，保健や教育などMDGsの残された課題や，環境問題や格差拡大など新たに顕在化した課題をアジェンダに取り入れようとした結果，MDGsと比べて17ゴール・169ターゲットと大幅に増えた。

では，MDGsとSDGsでは，何が異なるのか。まずは，その成り立ちに大きな違いがある。MDGsは，国連の専門家主導で策定されたゴールであるのに対し，SDGsは，国連加盟193カ国による8回に及ぶ政府間交渉で策定された。さらにNGOや民間企業，市民社会の人々等も積極的に議論に参加して作られた。また，MDGsが「8ゴール・21ターゲット」であるのに対し，SDGsは「17ゴール・169ターゲット」と多岐にわたる目標が設定されており，2030年までの“完全実施”を目指している。さらに，SDGsは，国際機関や各国政府などから発信する従来の“縦割り型”の目標ではなく，民間企業や市民社会を巻き込んだ“全員参加型”の目標となっている[20]。特に，民間企業を取り込んだ点は，今までの政府やNGO中心の開発目標から大きく踏み込んだものといえる。

したがって，SDGsは，単にMDGsの課題を引き継いだものというより，MDGsが取り残した課題と，この間新たに発生した課題に取り組むという点で，さらに大きな課題を担ったものと言える。

SDGsの全文は以下のとおりだ。

> この計画（アジェンダ）は，人間と地球，そして繁栄のための行動計画です。
> そして，より大きな自由と，平和を追い求めるものでもあります。
> わたしたちは，持続可能な世界を築くためには，極度の貧困をふくめ，あらゆる形の，そして，あらゆる面の貧困をなくすことが一番大きな，解決しなければならない課題であると，みとめます。
> すべての国と人びとが協力しあってこの計画を実行します。
> わたしたちは，人びとを貧困や欠乏からときはなち，地球を守ることを決意します。
> わたしたちは，持続可能で，強くしなやかな世界に向かう道を歩んでいくために，今すぐ大胆で変化をもたらす行動を起こすことを決意します。
> ともに持続可能な世界へ向かうこの旅をはじめるにあたり，だれひとり取り残さないことを誓います。
> わたしたちが発表する17の目標と169のターゲットは，このアジェンダがどれだけ広く高い目標をかかげているかを表しています。
> これらの目標やターゲットは，ミレニアム開発目標をもとにし，達成できなかった目標をすべて達成することを目指しています。
> すべての人の人権を実現し，ジェンダーの平等，そして女性や女の子の能力を引き出すことを目指します。
> これらの目標とターゲットは互いにつながり分けられないものであり，持続可能な開発の3つの側面，つまり，「経済」と「社会」と「環境」のバランスを保つものです。
> これらの目標とターゲットは，人類と地球にとってとても大事な分野の，2030年までの行動を進めるものになるでしょう。

出典：Unicef, HPより作成。

この前文からもわかるとおり，SDGsは，人間と地球の繁栄のための行動を呼びかけたものであり，特にすべての人の人権とジェンダーの平等，女性や女の子の能力を引き出すことを強調している。持続可能な開発のためには，「経済」，「社会」，「環境」のバランスがとれた開発が必要だということだ。この間経済成長一辺倒だった開発からするならば，その目指すべき目標は，画期的かつ野心的ということができる。問題は，経済成長至上主義からどのように脱却し，調和のとれた経済政策を樹立できるかだ。

SDGsの考え方は，すべての人のための目標の達成をめざし，もっとも脆弱な立場の人々に焦点をあてている。それを実現するためのスローガンが，「誰ひとり取り残さない（No one will be left behind）」だ。前文にあるように，もっとも脆弱な立場の人々も，決して取り残さず，開発の恩恵にあずかれるようにしようとしている。

また，人間，地球，豊かさ，平和の実現のために国際社会のパートナーシップが必要だと訴えている。具体的には，5つのP（People, Planet, Prosperity, Peace, Partnership）の実現だ。

People（人間）とは，すべての人の人権が尊重され，尊厳をもち，平等に，潜在能力が発揮できるようにする。貧困と飢餓を終わらせ，ジェンダー平等を達成し，すべての人に教育，水と衛生，健康的な生活を保障することだ。

Planet（地球）とは，責任ある消費と生産，天然資源の持続可能な管理，気候変動への緊急な対応などを通して，地球を破壊から守ることだ。

Prosperity（豊かさ）とは，すべての人が豊かで充実した生活を送れるようにし，自然と調和する経済，社会，技術の進展を確保することだ。

Peace（平和）とは，平和，公正で，恐怖と暴力のないインクルーシブな（すべての人が受け入れられ参加できる）世界をめざすということだ。

Partnership（パートナーシップ）は政府，民間セクター，市民社会，国際機関を含む多様な関係者が参加する，グローバルなパートナーシップにより実現をめざすことだ。

SDGsがMDGsと比べて画期的なのは，各国による実施とレビューがあることだ。各国は，国の状況に合わせてSDGs達成に向けて取り組み，その進捗状況について毎年開催される「国連持続可能な開発のためのハイレベル政治フォーラム」で自発的に報告することになっている。

さらに，モニタリングのための指標が設けられている。具体的には，SDGsの進捗状況を測るために，230の指標が定められている。課題としては，子どもの状況を測るデータの多くが不足していることだ。いまだに残る児童労働をはじめ，幼児虐待などは表面化しにくく，把握が難しい問題だ。

7．SDGs に対する日本の取組み

日本は，2015年にSDGsが採択された後，その実施に向け国内の基盤整備に取り組んでいる。2016年5月に総理大臣を本部長，官房長官，外務大臣を副本部長とし，全閣僚を構成員とする「SDGs推進本部」を設置し，国内での実施と国際協力の両面で率先して取り組む体制を整えた。さらに，本部の下に，行政，民間セクター，NGO・NPO，有識者，国際機関，各種団体等を含む幅広いステークホルダーによって構成される「SDGs推進円卓会議」を開催し，同年12月，日本の取組みの指針となる「SDGs実施指針」を策定した。2022年6月14日まで，計12回の会合を開いている。

同会合で，岸田総理は，⑴SDGsは，現内閣でも重要な羅針盤であること。そのため気候変動の問題といった経済，社会，環境の分野の課題を障害物と捉えるのではなく，成長のエンジンへと転換して持続可能な成長を実現していくことが「新しい資本主義」の達成，ひいてはSDGsの達成につながるということ。⑵幅広い関係者間での官民連携を一層深化させていくこと。⑶SDGsの達成に向け，「新しい資本主義」の下，「誰ひとり取り残さない」，持続可能な経済社会システムを作り上げていくことなどを強調し，関係閣僚に対し取組みを一層強化するよう指示した[21]。

特に，日本政府が力を入れている分野別SDGs関連は，人間の安全保障の取組み，防災の取組み，保健の取組み，人権の取組み，ジェンダーの取組み，気候変動と環境への取組みだ。もちろん，日本政府としては17の目標

すべてを達成するつもりであろうが，まずは優先課題，重点目標を提示することで，企業，国民にわかり易く説明し，理解を得ようとしたのだろう。

これに対し，世界は日本のSDGsの達成状況をどのように評価しているのか。2012年8月に，潘基文国連事務総長（当時）が設立したグローバルなネットワークSustainable Development Solutions Network（SDSN：持続可能な開発ソリューション・ネットワーク）とベルテルスマン財団（Bertelsmann Stiftung）が，毎年発表している「持続可能な開発報告書（Sustainable Development Report）」によると，2022年の日本のSDGs達成状況は，163カ国中19位で前年に比べ1ランク順位を下げた。19位はランキングの開始以来，最も低い順位だ。2017年には11位で，その後順位を落とし続けている（2018年15位，2019年15位，2020年17位，2021年18位）。

報告書では目標ごとに，「達成済み」「課題が残る」「重要な課題がある」「深刻な課題がある」の4段階で評価している。日本が「達成済み」とされたのは，目標4「質の高い教育をみんなに」，目標9「産業と技術革新の基盤をつくろう」，目標16「平和と公正をすべての人に」の3つだ。「課題が残る」では，目標1「貧困をなくそう」，目標3「すべての人に健康と福祉を」，目標6「安全な水とトイレを世界中に」，目標8「働きがいも経済成長も」，目標11「住み続けられるまちづくりを」の5つが指摘された。さらに，「重要な課題がある」では，目標2「飢餓をゼロに」，目標7「エネルギーをみんなにそしてクリーンに」，目標10「人や国の不平等をなくそう」の3つが指摘されている。そして，「深刻な課題がある」とされたのは，目標5「ジェンダー平等を実現しよう」，目標12「つくる責任つかう責任」，目標13「気候変動に具体的な対策を」，目標14「海の豊かさを守ろう」，目標15「陸の豊かさも守ろう」，目標17「パートナーシップで目標を達成しよう」の6つだった。

「課題が残る」「深刻な課題がある」で指摘された項目は，先進国ならば，当然達成すべき（達成されて然るべき）ものだ。これら項目が達成できていないということに政府はもちろん，企業，国民は真摯に受け止め，早急に対応すべきであろう。

なぜ，日本はSDGsの達成が遅れているのか。

その最大の理由は，日本政府が計画する目標・方針の多くが，自国の経済成長・安全保障に結びつけ，リスクや負担を負わない政策や計画を立てるからだ。世界が自国を犠牲にしてでも達成しようとしているのに対し，日本はそこに新たな経済成長のきっかけやチャンスを見つけようとしている。それでは，世界から評価を得るどころか，批判さえ浴びてしまうだろう。2030年まで，あと7年（本書執筆時）。日本には，先進国として，世界的責任を果たすことが求められている。

SDGs 達成度ランキング（2022年）

ランク	国	スコア
1位	フィンランド	86.5
2位	デンマーク	85.6
3位	スウェーデン	85.2
4位	ノルウェー	82.4
5位	オーストリア	82.3
6位	ドイツ	82.2
7位	フランス	81.2
8位	スイス	80.8
9位	アイルランド	80.7
10位	エストニア	80.6
11位	イギリス	80.6
12位	ポーランド	80.5
13位	チェコ	80.5
14位	ラトヴィア	80.3
15位	スロヴェニア	80.0
16位	スペイン	79.9
17位	オランダ	79.9
18位	ベルギー	79.7
19位	日本	79.6
20位	ポルトガル	79.2

出典：Sustainable Development Solutions Network/Bertelsmann Stiftung (2022), *Sustainable Development Report*, Cambridge University Press より作成。

注

1 Allen, Robert (1980), *How to Save the World: Strategy for World Conservation*, Kogan Page Limited.（ロバート・アレン『世界環境保全戦略 自然と開発の調和をめざして』財団法人日本生産性本部，1982年，22頁。）なお，日本語版では「永続性のある開発」となっている。

2 同上訳書，17-18，22-23頁。

3 The World Commission on Environment and Development (1987), *Our Common Future*, Oxford University Press, New York, p. 43.（大来佐武郎監修『地球の未来を守るために』環境と開発に関する世界委員会，福武書店，1987年。）

4 The World Conservation/United Nations Environment Programme/World Wide Fund for Nature (1999), *Caring for the Earth: A Strategy for Sustainable Living*.（IUCN国際自然保護連合／UNEP国連環境計画／WWF世界自然保護基金『かけがえのない地球を大切に 新・世界環境保全戦略』1999年，14-23頁。）

5 国連連合広報センターHP。https://www.unic.or.jp/activities/economic_social_development/sustainable_development/summit_and_other_meetings/#:~:text=1992%E5%B9%B4%E3%81%AE%E5%9C%B0%E7%90%83,1%E3%80%8D%E3%82%92%E6%8E%A1%E6%8A%9E%E3%81%97%E3%81%9F%E3%80%82

6 『朝日新聞』1992年6月5日付。

7 『朝日新聞』1992年6月12日付。

8 『朝日新聞』1992年6月13日付。

9 『朝日新聞』1992年6月13日付。

10 『朝日新聞』1992年6月15日付。

11 構造調整プログラムの問題については，ミシェル・チョスドフスキー著／郭洋春訳（1999）『貧困の世界化―IMFと世界銀行による構造調整の衝撃』柘植書房新社参照のこと。

12 朝海和夫（1998）「邦語訳の刊行に寄せて」国際連合広報センター『コペンハーゲン宣言及び行動計画世界社会開発サミット』日本語訳。

13 同上書，4頁。

14 極度の貧困とは，1日1.25ドル以下で生活する人たちを指す。

15 "SDGs ACTION," *The Asahi Shimbun*, https://www.asahi.com/sdgs/article/14761029#h178slamk8xwc1p5ow8ma5fpkw10eihh3

16 Ibid.

17 外務省「わかる！国際情勢」https://www.mofa.go.jp/mofaj/press/pr/wakaru/topics/vol134/index.html

18 持続可能な開発に関する世界首脳会議（2002）「持続可能な開発に関するヨハネスブルグ宣言（外務省仮訳）」。

19 UNICEF, https://www.unicef.or.jp/mdgs/

20 同上。

21 外務省HP。https://www.mofa.go.jp/mofaj/ic/gic/page1_001201.html

第7章

開発経済学の再生に向けて

1．平和のための経済学

20世紀後半の社会主義体制の崩壊と，その後のグローバリゼーションの進展・拡大は，資本主義の勝利として喧伝された。一方，その後の湾岸戦争，アジア通貨・経済危機，京都議定書による CO_2 排出規制に見られる環境問題の深刻さ，テロの拡散，リーマンショック等は，この間の経済成長至上主義がもたらした負の側面が露呈したということができる。

それは新古典派経済学が主張するように，市場の開放と構造調整が必ずしも先進国はもちろん，途上国の経済成長に有効に作用するのではない，ということを示している。

特に，グローバリゼーションをめぐる評価と議論は，アカデミズムの世界だけではなく，反グローバリゼーション運動として，NGO・市民を中心に，世界各国で活発な動きを見せるようになった。1999年11月に，アメリカ・シアトルで開催されたWTO閣僚会議に反対するために集まった約5万人の人々の行動は，WTO閣僚会議を実質的に霧散させてしまうほどのエネルギーを発散させるに至った[1]。

一方，開発経済学は，当初途上国の貧困＝低開発の脱却を目指して，様々な理論が定立されたが，20世紀後半からはグローバリゼーションの是非に対する議論として活発に展開された[2]。それは，グローバリゼーションの有効性を認め，さらに推し進めるべきであるという議論と，野放図な自由化は市場の暴走を引き起こすとの考えから，規制あるいはコントロールすべきであるとの議論などだ。

これらの議論のほとんどは，グローバリゼーションは，今後も拡大・進展するとの前提で議論がなされている。

これは，いまだに開発経済学が成長至上主義を前提として，理論が構築されていることを意味する。それでは開発経済学が誕生した時に目指した，「人々の幸福と安寧」を追求することはできない。

筆者は開発経済学が本来目指した姿を取り戻し，開発途上国の経済発展のために今以上に貢献できるように再生すべく平和経済学を提唱する。

平和経済学とは，グローバル社会にあっても，人間と自然，人間と人間，人間と社会が調和できる経済社会を創るための価値観と枠組みのことだ。それは持続可能な社会を支えるだけではなく，すべての人にとって豊かな生き方を保障するものだ。その際，中心的な考えの柱となるのは，循環，地域自立，持続性だ。

2．近代社会システムが作りあげた幻想

これまで述べてきたとおり，経済開発は量的成長を究極の目標としてきた。この目標は，5つの幻想から成り立っている。第1は，資源は無限であるという幻想であり，第2は，自分たちの生活は安心・安全であるという幻想であり，第3は，すべての国家は（経済）成長できるという幻想であり，第4はたとえ自由競争社会で競争に巻き込まれても，自らは負け組にならないという幻想である。そして，これらの幻想の行きつく第5の幻想は，世の中は永遠に経済成長するというものだ。これらの幻想は，20世紀半ば，特に，第2次世界大戦後の経済開発期に力を増し，誰もが信じて疑わず長い間信奉されてきた。

この考え方こそ，今問われなければならない。なぜなら，幻想はいつまで経っても幻想であり，それは決して到達することのできないものだからだ。

では，近代以前の社会＝前近代社会ではどのような考え方が中心だったのか。前近代社会は，共同体への束縛が前提の社会だった。人々は共同体の中でのみ生活することを余儀なくされた。言い換えるならば，前近代社会にお

いては，人々は土地に縛りつけられて生活し，そこからの離脱は生死にかかわるものであった。しかし，共同体の中にいる限り，失敗しても共同体が救ってくれるという意味では，安心・安全が保障された社会であった。

前近代社会における個人は，共同体に縛りつけられているという意味で，不自由な生活を余儀なくされたが，個人の失敗は決して個人だけが責任を負うのではなく，共同体に住む構成員ならびに共同体そのものが守ってくれるという意味においては，共同体に守られて生活することができた。

逆に，共同体の掟や規律を破ると「村八分」にされ，それは即，共同体からの追放すなわち社会的「死」を意味した。

一方，近代社会においては，個人は共同体からは解放（自由）され，自らの意志で住居はもちろん，職業，恋愛等あらゆるものを選択することができるようになった。その反面，自らの安全は自らで守らなければならなくなった。成功も失敗もすべて自らの責任になった。これは成功している時は誰もその怖さ，矛盾に気づかないが，世界的金融危機が発生した時のように，自らの生活・社会が揺るぎ始めると，その矛盾・問題に気づく。その矛盾・問題とは，近代社会はリスクが増大した社会であり，不透明・不安な社会だということだ。問題なのは，人々は知らず知らずのうちに，リスク社会での生活を余儀なく（強要）されているということだ。

なぜリスクが強要されるのか。資本主義社会は自由という名のもとに，競争が前提（自由競争）とされているからだ。競争する以上，リスクを覚悟してでも，その社会に飛び込まないと利益を上げることができないばかりか，競争に勝ち抜けない。しかし，一時利益を得られたとしても，競争相手がいる以上，いつその地位から脱落するかも知れない。そのため，いつまでも（リスクを負ってでも）競争せざるを得ない。それはまるで極限までスピードを競う「F1 レース」[3]であるかのようだ。

問題は競争すればするほど，リスクも大きくなるということだ。1997 年のアジア通貨危機や，2008 年のリーマンショックは正にその典型例と言ってよい。

現代社会においては，競争すればするほど拝金主義が拡大し，格差社会をもたらすことになる。現代は危険と安全の境界線が消失しつつある社会なのだ。

これらは最終的に，人々の生活はもちろん，生命まで脅かしかねなくなる。言い換えれば生の不在と言ってもよい。地球には，大きく分けて人間の生と自然の生がある。これらが共存してこそ，持続可能な社会を形成することができる。近代社会は，このいずれの生も脅かしつつある。特に，共存し合うべき一方の人間が，自然の生を脅かしつつあることに注意しなければならない。

前近代社会は，生産者と消費者が，市場を通して直接生産物を交換した。そこでは，人間同士の信頼関係を構築することができた。しかし，近代社会における人間関係は，市場を媒介にするという構図は変わらないものの，市場を構成する主体・役割が大きく異なる。現代の市場は，いくつもの人間や媒介物が介在することにより，生産者と消費者の距離が遠くなってしまい，直接的な人間関係が構築できない構図となっている。その典型的な関係が，インターネットを通した取引，就中，プラットフォーム企業の存在・肥大化だ。人々はインターネットを通して世界中の人々と取引をすることができるようになった代わりに，ネットの向こうに誰がいるのか，自分は誰と取引しているのか知ることもなく，取引をするようになった。

その結果，人は常に相手に対する不安を抱えながら，信用せよと自らに言い聞かせ，また相手に信用を強要することによって取引を行っている。それは時には，詐欺にあったり，不公正な取引を強要させられるといった様々なリスクと隣り合った関係が常態化しつつある。信用を前提とした関係が増大するということは，人間関係が双方向から一方通行的関係へと転化・歪曲することを意味する。信用とは，決して安心・安全な状態を意味しない。

個人（生産者）対個人（消費者）の関係の間に，媒介者や仲介業者（プラットホーム企業等）が介在すればするほど，不信・不安は増大する。現代の人々は，不信と不安の中で生活をせざる得なくなっている。

これこそが，グローバリゼーションの本質だ。それまでの個と個のつながり，地域と地域とのつながりが，世界市場という名のもとに分断され拡散する。分断された個や地域は，他者との信頼関係を弱めていく。グローバリゼーションは，決して人々に幸福をもたらすだけのものではない。

3．近代の社会システムを問う

近代の社会システムは，人類が永い年月をかけて作り出した人間と人間との関係，人間と自然との関係を矮小化させた。この2つの関係とは人間関係でいえば，生産・交換関係が，人間と自然との関係でいえば物質代謝・生態系の関係が有機的に結びつくことで，共存共栄，持続可能な社会を作り上げてきたということだ[4]。

人間と人間との関係は，前近代社会においては情報が対称化された関係の中で，対等な関係を作り上げてきたが，近代社会では，情報が非対称化された。情報を多く取得・所有した者が，多くの機会・利益を得て，「勝ち組」として競争社会で生き残る。人間と自然の関係とは，生態系が維持される循環型社会のことだ。そこでは，人間と自然は対等，時には，人間が自然を敬う関係だった。現在は，人間が自然を自由に収奪することができるだけではなく，無限に存在し続けるのでいくら採取してもかまわないと錯覚した結果，取り返しのつかないほど環境が破壊されつつある。

その最たる例が，大量生産・大量消費だ。この大量生産・大量消費には見落とされがちな前提と結果が存在する。それは，大量生産するためには資源を大量に収奪する必要があり，これが環境破壊を引き起こしているということだ。大量消費は，結果として大量の廃棄物を出すことになる。その際，資源を大量に収奪される地域も，廃棄物を大量に廃棄され，沈殿される地域も途上国になっている。この構図は，途上国から収奪された資源が先進国（企業）によって使用され消費されるが，排出された廃棄物は，時には途上国へと押しつけられる[5]。その逆は決して起こらない。特に，グローバリゼーションが進展する社会では，その流れが加速・拡大しつつある。これこそ近代の社会システムが作り出した非循環システムだ。南北問題は環境問題でも同じことが言えるのだ。

人間と自然との関係は，大量生産・大量消費により，修復不可能な臨界点にまでいきつつある。現在の環境破壊がこのまま進行したら，もはや人間は自然を支配するどころか，環境破壊によって人間が生存することすら危うくなる。前近代社会においては，人間は自然の一部であった。しかし，産業革命以降，科学技術が発達した結果，自然を支配できると錯覚した。人間が，自然を無節操に収奪したため，自然自らが修復できる再生能力の限界近くまで行きつつある。膨張した風船がいつ爆発するか分からない状態が，現在の自然と経済活動の関係だ。

現在の経済開発は，自然が修復不可能な破壊的臨界点まで突き進もうとしている。それを防ぎ，本来，経済学が目指した目標を実現するために，開発経済学がすべきことは，自然や人間が有している本来性を取り戻し実現できるように発想を転換し，新たな価値体系を作り上げることだ。それは，市場原理だけを追及するのではなく，非市場経済や市場を適切にコントロールできるように再構築することだ。現在のグローバリゼーションは，市場の単一化を目指す市場原理主義が中心となっている。それは格差・不平等を助長するだけではなく，富める者と貧しき者，持てる者と持たざる者の二極化を深化させるだけだ。そこでは，共生ではなく対立が，対話ではなく憎悪が蔓延(はびこ)ることになる。

そうした成長至上主義，格差社会を是正し，本来，経済学が追い求めた国民の幸福と国家の安寧を追求する経済学こそ，筆者が主張する平和経済学だ。

平和経済学とは，従来の価値観を改め人間や自然が本来共生してきた時代の価値観を現代の生産・生活様式の中に組み替え，再生させようとするものだ。その実現のために重要な概念が，循環，地域自立，持続可能性だ。このどれかひとつが欠けても平和経済学は成り立たない。

4．平和経済学が考える循環

物質循環は，生命が永続する基本だ。物質循環には，2つの視点がある。

ひとつは，生物の生命活動はすべて様々な循環によって成り立っているということであり，もうひとつは，近代以前の経済活動も自然（人間を含む）との物質代謝＝循環を前提に成立していたということだ。近代社会は，循環を破壊した経済活動が跋扈するうちに，この視点が失われてしまった。

平和経済学における循環とは，人間と自然とが調和し，生産活動と消費活動が相互に補完し合い，共存できる関係の再構築をさす。そこには，資源の大量収奪⇒大量生産⇒大量消費⇒大量廃棄という不可逆性の経済構造を改めることを目指す。循環していた物質が滞留すれば，環境汚染につながり，物質循環に乗らない物質が大量生産されれば，それは汚染につながる。それと同様，人間社会の経済活動においても，生産・交換関係が不可逆的になると，生産過剰による恐慌が起きたり，格差が拡大する。

この非循環構造を変えるには，今までの経済システムの構造を改めることが求められる。そのためには，生態系の循環に着目し，持続可能な社会の条件を探る必要がある[6]。持続可能な経済とは，「経済循環が物質循環を抑止せず，むしろ活発にする経済」のことだ[7]。それは，市場経済の役割＝自由則を活用しながらも，禁止則を設定することで，経済活動を適切な範囲でコントロールしようというものだ。この考えは，社会的共通資本に相通じる。重要なのは，決して市場を否定することではなく，市場を適切に管理・コントロールすることにより，市場の持つ“良さ”を引き出し，暴走を抑えることにある。

循環の経済を考えるときに重要なのは，その範囲の設定と循環させ続ける機動力だ。循環の経済学が考える範囲とは，個人・地域が廃棄した廃棄物を自らの地域で処理できる範囲が望ましいと考える。地域の住民が，自らが出した廃棄物の処理がどうなるのかが見えることで，廃棄物に対する責任，ひいては地域に対する責任感が生まれる。現在のように，自ら出した廃棄物がどこで，どのように処理されているのか分からないようでは，企業・地域・住民も，廃棄物が目の前から消えた瞬間，きれいに処理されたと勘違いしてしまう。かつて，都市の自治体が自ら収集した廃棄物を，他地域に持っていって処分していたという出来事があった[8]。これは，非循環型社会でよくみられる中心が周縁に矛盾を追いやって繁栄していくということに似ている。

地域の住民や自治体が，自らが出した廃棄物を自らの責任で処分するようになれば，彼らは廃棄物を処分するために必要な施設を準備し，許容量を超過することになれば，廃棄物を減らすための様々な施策をとらざるを得なくなる。これは廃棄物の最適化へと繋がる行為であり，循環型社会の第一歩になる。

次に，循環を維持し続ける機動力だ。地球は物質循環によって成り立つ生命系の星だ。人間社会も，経済循環によって成り立っている。人類の歴史を見れば，人間の経済活動は，自然の物質循環の中で維持されてきたことがわかる。その意味で，経済循環は物質循環の一部と言える[9]。循環において重要なのは，循環していた物質が滞留すれば，環境汚染につながるということだ。また，物質循環のシステムに乗らない物質が大量に生産された場合（それを処理できる許容範囲を超えた場合）も汚染となる[10]。

循環にとって滞留と許容範囲を超える大量の廃棄は汚染へと繋がる。これは循環の持つ特性（弱さ）であり，経済循環にも当てはまる。大量生産・大量消費は正に，許容量を超える物質の創出であり，処理できないほどの消費＝廃棄は，地球環境の破壊へと結びつく。正に，現在の経済活動そのものだ。こうした環境破壊をもたらす非経済循環を循環できる規模に改めて，再生可能エネルギーに転換することで，環境破壊を食い止めなければならない。これが，循環の経済学が目指す経済社会システムだ。

5．これからの循環型社会

循環型社会とは，どのような社会なのか。日本政府が，2000年6月2日に公布した，循環型社会形成推進基本法第2条には，「製品等が廃棄物等となることが抑制され，並びに製品等が循環資源となった場合においてはこれについて適正に循環的な利用が行われることが促進され，および循環的な利用が行われない循環資源については適正な処分が確保され，もって天然資源の消費を抑制し，環境への負荷ができる限り低減される社会」としている。

この考え方の根底は，従来の大量生産・大量消費型の生活様式を前提として，廃棄された消費物を，そのまま廃棄物として処分するのではなく，資源として再活用することで，資源の大量収奪＝大量消費を抑えた生活様式へと転換・維持し続けようということだ。しかしここには，成長至上主義から脱却しようという考えはない。

これに対し吉田は，循環型社会の目的を，「本来，物質やエネルギーの循環やリサイクル自体にあるのではなく，それを通じた人間社会の豊かさ（well-being）の向上にある。ものの生産や所有を通じて人間の生活や生命活動に負の影響をもたらすような生産や循環経済のあり方は，目的と手段を転倒させることになる。循環を通じてできるだけ環境負荷を低下させる，つまり資源採取を減らしスループット（throughput，環境通過量）の最小化が図られるべきだ。この意味で，循環による脱物質化（物質をできるだけ使用しない方向）に基づいて，人間生活の向上をもたらす途を探ること」としている[11]。

ここには，資源の最少利用・脱物質化を通して，人間生活の向上を目指す新たな価値観の定立がうかがえる。しかし，残念ながら，それをどう実現するかの道しるべが示されていない。

循環型社会を考えるうえで，参考になるのが，江戸時代のゴミ処理方式だ。江戸時代のゴミ処理方式は，ゴミを循環させる仕組みとゴミを適正に処理する仕組みからなる。

ゴミを循環させる仕組みとは，稲作を基本とした社会システムの中で，し尿や生ゴミといった有機物を農村で肥料として土に還すことで，ゴミを有効活用していたことをさす。近世ヨーロッパの都市ではネズミにより伝染病が猛威をふるったのに対し，日本では，病原体の媒介となりうるし尿等が放置されず，有効活用されていたために，そのようなことはあまり起こらなかったという。

地域や物の特性を最大限に活かす「三里四方」という考え方[12]があったが，これは，現在の「地産地消」に通じる考えだ。

都市から出るし尿や灰などの有効活用は，農家だけでなく，金銭と野菜とが取引・交換されていた都市でも見られた現象だ。こうした取引は，都市と農村地域における循環を形成し，農家の自立や都市発展の一助となった。

さらに，100万人ともいわれる大都市であった江戸から発生した下肥は，江戸周辺の農家に運ばれて肥だめにためられていた。肥だめは，発酵による熱の発生によってし尿の衛生的な利用を可能にし，良質な肥料として野菜栽培に活用されていた[13]。

今日，封建時代の江戸システムを，そのまま適用することはできないが，ゴミを廃棄物として考えるのではなく，資源として再活用しようとする考え方は，現在の循環型社会，ひいてはSDGsに相通じるものがある。言い換えれば，日本社会には循環型社会を目指し，実践していた時期があったということだ。したがって，日本政府・社会が目指すべき循環型社会は，決して理想ではなく，かつて存在したのだ。

平和経済学が考える循環の経済学は，自然と人間との調和，人間と人間との信頼回復，人間と社会との協調を根底におきながら，今までの人間（社会）を中心として，自然を収奪の対象としか見ず，自分の地域（社会）さえ繁栄すれば，他の地域（社会）は衰退しても他人事としか捉えないような社会関係・経済構造からの脱却を目指す。

そのためには，グローバリゼーションにより助長された非対称性を対称化された関係へと組み替えていかなければならない。住民が地域を見渡せ，責任を持って循環させられる範囲（共同体）を設定することが必要だ。その地域同士が有機的に結びつくことで，それぞれの地域が活性化する契機になる。そこでは地域に生活基盤をもつ住民が地域の主体であるとの自覚と責任が芽生え，物質循環と経済循環の再構築が可能となる。

それは，目に見える関係の再構築であり，経済中心から生命系を中心とした生活基盤への転換だ。循環こそ，地域が自立し発展する原動力であり，それを動かすのはそこに住む住民なのだ。

それは，市場を否定するものではない。市場による交換を媒介に，物質を循環させる役割を積極的に活用しながら，市場が暴走あるいは停滞しないように，自由則の「よさ」を活かし，どのような禁止則を設定するのか，という新たな人間社会の仕組みやルールを作ることだ。人間社会に都合のよいように機能させることだけが循環ではない。

6．地域自立の経済学

「地域」とは，『広辞苑　第7版』によると，「住民が共同して生活を送る地理的範囲」とある。「地域社会」は「一定の地域的範囲の上に，人々が住む環境基盤，地域の暮し，地域の自治の仕組みを含んで成立している生活共同体・コミュニティ」とある。「地域」には，地理上のある区切られた空間を意味し，「地域社会」には，そこで暮らす人々の生活や自治，環境を含む「生活共同体」というニュアンスがある。

地域は，普段そこに住んでいたり，経済活動を営む空間だけのことではない。地域が成り立つためには，2つの要素が必要だ。第1に，生活・生命基盤が循環性を有していること，第2に多様性・関係性が共存・存続していることだ[14]。生活・生命基盤が，循環性を有しているということは，地域に根ざした住民・市民が主体となって自らの生活・生命活動を決定し，行動できるシステムを形成しているということだ。多様性・関係性が共存・存続しているとは，多様な価値観を持った人と人との関係，人間と自然，人間と社会との関係が相互に補完し合っていることを意味する。

地域自立とは，生活の本拠となる中心的概念だ。それを基盤にして，一定の自給自足を可能にする地域産業の領域，すべての参加者の自主的管理運営が及ぶ範囲，地域で採れた生産物が交易される市場，非経済活動を含むネットワークの形成など，多様な形態から構成される[15]。

地域自立というと，ある地域が他の地域から完全に独立して経済・社会活動が行える行為と錯覚しがちだ。人間は，社会的関係の中でのみ生存することができる。したがって，地域自立といっても，決して他の地域からの隔離・断絶を意味しない。その地域に足りない資源などは相互に交換し合いながら，住民が自覚と責任をもって，地域を発展させていこうとする営みこそ地域自立のあるべき姿だ。

7．内発的地域主義

内発的地域主義という考え方を提唱した玉野井は，地域自立を，「一定地域の住民＝生活者がその風土的個性を背景に，その地域の共同体に対して一体感を持ち，経済的自立性を踏まえて，自らの政治的，行政的自律性と文化的自律性を追求すること」[16]とした。

経済的自立とは，閉鎖的な経済自給ではなく，インプットの自給性，市場化しにくい土地と労働について，地域単位での自立性を確保し，市場の制御を考えることだ[17]。

地域自立が目指すのは，従来の資本主義社会で前提とされた枠組みの再編にある。それは，所有よりも利用，労働よりも活動，信用よりも信頼が尊重される社会のことだ。

所有より利用とは，本来誰の者でもない地域資源を，特定の個人が独占的に所有し，他の住民がそれを商品として購入しなければならないような，貨幣を媒介とした関係ではなく，入会地，入会林のように，そこに住む住民が共同で管理し，必要な分だけ利用する仕組みをさす。これは，地域の資源をそこの構成員全員が管理・運用することにより，地域としての自立性を担保しようというものだ。現在のシェアリングエコノミーと言われる経済活動もこれに含まれる。

労働より活動とは，自らの「働く」能力の対価として，賃金を得て生活手段を購入するという労働力の商品化だけではなく，地域の自立・活性化のために生かすということだ。例えば，高齢者のケアに対するボランティア，地域の環境美化を保全するための自発的行為などだ。これらはその対価として賃金を獲得することを目的としてはおらず，その地域に住む高齢者に対するいたわりであったり，地域を住み易い環境にしたいという理想の実現のための営みであったりする。これらの行為の結果，地域の構成員同士の連帯感・一体感が生まれ，地域を活性化・自立させていこうとする目標が共有できる。

信用より信頼を尊重する仕組みとは，現在の貨幣を通しての人間関係は，相手の人間性を見ているのではなく貨幣の有無，多寡のみを見る一方的関係からの転換をさす。信用を前提とした関係は，いつ裏切られるとも限らない。これに対し信頼とは，双方が相手を信じあう＝頼り合う関係であり，顔の見える関係のことだ。そこには損得を超えた相互に助け合う互助の精神の共有がある。

この3つの関係の再構築は，従来の資本主義的生産様式＝成長至上主義の価値観を見つめ直す（とらえ直す）ことを意味する。言い換えれば，市場原理主義からの脱却であり，新たな経済社会関係構築への第一歩となる。これは決して市場の否定ではなく，発想の転換だ。現在の市場が持つ負の側面を払拭し，正の側面を極大化することを意味する。したがって，地域自立が目指すものは，第1に関係性の見直しであり，第2にコミュニティの再生・活性化であり，第3に生産・生活様式の転換だ。

8．持続可能な開発に向けて

平和経済学の構成要素の3つ目は，持続可能性だ。持続可能性について，反対する人はいない。しかし，何を持続というのか，何を持続させるのかという点については，様々なとらえ方がある。

持続可能な開発という考えが広まったのは，1987年に開催された環境と開発に関する世界委員会（通称，ブルントラント委員会）が発表した『我ら共有の未来』だ。同報告書の中では，「持続可能な開発とは将来世代のニーズを満たす能力を損なうことが無いような形で，現在の世代のニーズも満足させるような開発」と定義している[18]。

1991年には国際自然保護連合，国連環境計画，世界自然保護基金が，*Caring for the Earth: A Strategty for Sustainable Living*（日本語訳『新・世界環境保全戦略　かけがえのない地球を大切に』）を発表し，持続可能な開発を「人々の生活の質的改善を，その生活支持基盤となっている各生態系の収容能力限度内で生活しつつ達成すること」と定義した[19]。

2002年には，持続可能な開発に関する世界首脳会議（World Summit on

Sustainable Development：WSSD）が開催され「持続可能な開発に関するヨハネスブルク宣言」が出された。その中で，持続可能な開発について「我々は，万人にとって人間の尊厳が必要であることを認識し，人間的で公正でかつ思いやりのある地球社会を建設することを公約する。･･･我々は，持続可能な開発の相互に依存し，かつ補完的な支柱，すなわち，経済開発，社会開発および環境保護を，地方，国，地域及び世界レベルでさらに推進し強化するとの共同の責任を負う」と言及した[20]。

このいずれもが，地球環境をこれ以上損なうことなく，現在の生活水準を維持しながら，将来世代の生活の水準も同じように保証するとしている。

前述の『新・世界環境保全戦略　かけがえのない地球を大切に』[21]では，「持続可能な社会」の基本原則として以下の9点を上げている。

(1) 生命共同体を尊重し，大切にする
(2) 人間の生活の質を改善する
(3) 地球の生命力と多様性を保全する
(4) 再生不能な資源の消費を最小限に食い止める
(5) 地球の収容能力を越えない
(6) 個人の生活態度と習慣を変える
(7) 地域社会が自らそれぞれの環境を守るようにする
(8) 開発と保全を統合する国家的枠組みを策定する
(9) 地球規模の協力体制を創り出す

基本原則は，この間の大量生産・大量消費型の生産・生活様式を改め，地球環境保護と将来世代の生活水準維持を，現在世代が責任を持って受け継がせることを謳っている点で，画期的な原則だ。

問題は，すべての国がこの原則に合意し，実行できるかにある。特に，多くの国で，今までの政治的・経済的地位を失ったり，経済開発が減速する可能性があることを考えると，この原則をそのまま受け入れられるのか課題は多い。

さらに，持続可能な開発自体にも問題はないのか，慎重に検討する必要がある。

9．持続可能な開発の問題点

持続可能な開発とは，将来世代の必要を満たす能力を損なうことなく，現在世代の必要をも満たすことと考えられている。これは普通2つの公平性の同時実現を意味する。1つ目は，世代内公平性（Intragenerational Equity）で，これは同時代に格差が現存する状況で，世界の貧困層に生存するのに「必要不可欠」なモノをいかに提供するのか，ということだ。2つ目は，世代間公平性（Intergenerational Equity）で，現在および将来の世代の要求を満たせるだけの環境能力・生活水準の維持だ。

世代内公平性は，現在の世代の人々が人間らしく豊かで尊厳を持って暮らしていくためには，ある程度の環境汚染や資源枯渇を招いても「必要物」を取得する必要がある，という考え方と結びつきやすい。なぜなら，現在の途上国を先進国並みの生活水準に引き上げるには，今までの大量生産・大量消費型の生産・生活様式を踏襲せざるを得ないからだ。それは，資源や自然環境の破壊を伴わざるを得ない。

世代間公平性は，将来の世代が必要物を得られる範囲内に抑えられれば，現在の世代は必要物を得るためにある程度の環境汚染や資源の枯渇は許される，という考え方に行きつく。

この2つの公平観には大きな問題がある。それは，いずれの公平観においても，それは人間あるいは人間社会の公平にのみ焦点を当てているということだ。この間見てきたように，人間は自然の一部であり，それを人間が開発の名の下に，自然を無尽蔵に存在するものと錯覚し支配することで，開発すればするほど環境破壊が深刻化してきた。

これまでの持続可能な開発の中心的考えは，これまでの生産力・生活水準を維持・発展させるための技術・システムを開発・維持することに主な関心が払われてきた。この考えは，成長至上主義＝量的成長を前提としたものだ。しかし，大切なのは，成長至上主義がもたらす負の側面を理解し，それに代わる新たな生活スタイルを模索することだ。これは，現在の生産力を大幅に後退させ，生産力・生活様式を過去に戻せと主張しているわけではない。

現在の量的成長の増加のみを目的とした生産様式では，経済成長はおろか環境そのものが破壊・絶滅することになる。成長至上主義的価値観だけが唯一の価値観であるという発想を改めようというものだ。ひいては，大量生産・大量消費型社会システムからの脱却も必要だ。

現在の日本の経済社会を見ると，過去30年，賃金も上がらず低成長状態が続いているにもかかわらず，社会は混乱せずに動いている。それは，100円ショップに代表される激安ショップの存在が，人々の生活を支えているからだ。日本社会は今は，新たな経済社会システムに向かっている。筆者はこの「新しい資本主義」を「100均資本主義」と呼んでいる[22]。

また，過剰開発に陥らないで経済活動が営まれるようにするためには，どのような方策があるのか。この点について，中村は次のように指摘している。

① 再生可能な資源の消費＜再生可能な資源の更新
　薪炭の採取や木材の利用は，その地域における木の成長を越えない範囲で行う。

② 再生可能な資源の消費＜更新性資源による代替
　化石燃料の使用は，太陽熱の利用に置き換えることができる範囲を超えない。

③ 廃熱・廃物の放出規模＜水サイクルによる再生
　人間活動によるエントロピーの増加は，水循環で宇宙空間に捨てられる範囲に限る。

④ 生命に危害のある商品＜安全な商品による代替
　人間の生命に外のある商品生産は，害の少ない商品に代えられる範囲に限定する[23]。

この方策は，従来の成長至上主義的生産・生活様式を適正な規模やシステムに切り替え，あらゆる生産要素の再検討を図ろうというものだ。有限な資源，有害を含む商品は，再生可能あるいは更新可能な資源に代替したり，管理が必要ということだ。

さらに，自然や自然環境に配慮し，負荷を最小限にし持続させるには，最小の単位での循環型社会の構築が必要だ。

循環を生かすことが持続可能性の条件であるとした議論に，槌田の物質循環論がある。持続可能な社会の循環の第1条件は，需要と供給の関係を適切に管理すること。

第2の条件は，社会と自然が繋がり，大きな物質循環を作ること。人間社会だけのサイクルではなく，自然との間のサイクルをも作り出すことだ[24]。これは，江戸時代のゴミ問題を自然に返すことで循環させたシステムに通じる。物理学者であり，環境保護活動にも大きな影響を与えた槌田の発想は，自然の生態系が永年にわたって持続している要因を食物連鎖を含む物質循環にあるとしたことから得られた知見だ。

持続可能な開発に必要なのは，単なる自然と人間との共存・共栄ではなく，社会と自然の関係が循環し，共存・共栄できる関係を作りだすことだ。

10. 平和のための経済学

持続可能な社会を作るためには，循環が必要であり，循環を活性化するためには，地域が自立していなくてはならない。持続性のない地域は自立することはできない。循環，地域自立，持続可能性という3つの要素は互いに補完し合い，支え合っている。それぞれの要素は，独立して存在していては意味がない。これまでの開発経済学は，それぞれの要素を，独立したものとして捉えてきた。その結果，従来の枠組みを乗り越えることができなかった。

平和のための経済学は，これら3つの要素を統一したものとして捉えることにより，成長一辺倒の開発主義から新たな価値観をもった持続可能な社会を目指すものだ。それは非成長＝停滞ではなく，脱成長＝いい加減の成長だ。いい加減とは「良い加減」＝良い程あいのことだ。物欲にまみれた社会ではなく，「足るを知る」生き方のことだ[25]。

平和経済学が目指すのは，単なる理想ではない。市民一人ひとりが主体的に社会を発展させようと考え行動して始めて可能となる価値観だ。この価値観の醸成と実践こそ，開発経済学の再生につながる。

注

1　『朝日新聞』1999年11月26日付。
2　その発端となったのは，1997年に起きたアジア通貨危機であろう。それまで高成長を持続してきたアジア諸国が突如通貨が下落し，経済危機に陥った。その時の原因として過度の市場の自由化＝グローバル化に問題があるとされた。
3　F1は，選ばれた一部のプロ選手でも危険と隣り合わせのスポーツ競技であるにもかかわらず，今日のF1レース社会は素人も含めた誰もが，その社会に飛び込むことを余儀なくされた大競争社会である。
4　この関係はどちらが優位というわけではない。しかし，強いて言えば人間も自然の一部であるので，自然の重要性を認識すべきである。しかし，現実には人間は，自然は無限であり，自由に採取することができると錯覚してきた。
5　日本は，プラスチック廃棄物の多くを，リサイクルとして海外に輸出している。その数は，年間およそ150万トンに及ぶという。しかし，リサイクル処理には手間がかかるため，その人件費を省くために，人件費の安い海外に輸出している。『ハフポスト日本版編集部』2019年5月30日。https://www.huffingtonpost.jp/entry/plastic-trash_jp_5cedf983e4b0ae671058d843
6　室田武・多辺田政弘・槌田敦編著（1995）『循環の経済学　持続可能な社会の条件』学陽書房，i頁。
7　室田武「エントロピーと循環の経済学」同上書，4頁。
8　日本海に面する敦賀市は，1987年秋に福井県知事が産廃処分場として許可，一般廃棄物処分場としても届け出た。北陸自動車道のインターに近く，雑誌に紹介されたことなどもあって首都圏，関西の市町村，衛生組合が処分しきれない家庭ごみの焼却灰や不燃物を続々運び込んだ。1989年は38自治体から約8万6000トン，1990年度は36自治体から搬入され，累計では十数万トンにのぼった。『朝日新聞』1991年4月21日付。
9　室田他，前掲書，1-3頁。
10　室田他，前掲書，25頁。
11　吉田文和（2004）『循環型社会　持続可能な未来への経済学』中公新書，3-4頁。
12　半径三里（約12km）の間で栽培された野菜を食べていれば，健康で長寿でいられるという考え方。
13　環境省（2000）『平成20年版　環境白書・循環型社会白書』67-72頁。
14　同上書，41頁。
15　同上書，207頁。
16　玉野井芳郎（1979）『地域主義の思想』農村漁村文化協会，119頁。
17　同上書，119頁。
18　外務省HP。https://www.env.go.jp/council/21kankyo-k/y210-06/ref_01.pdf
19　同上。
20　同上。
21　IUCN国際自然保護連合，UNEP国連環境計画，WWF世界自然保護基金著／（財）世界自然保護基金日本委員会訳（1992）『新・世界環境保全戦略　かけがえのない地球を大切に』小学館，20-23頁。
22　郭洋春（2022）『100均資本主義～脱成長社会「幸せな暮らし」のつかみ方』プレジデント社を参照されたい。

23　中村尚司「過剰開発か永続可能な発展か」レッドクリフト，前掲書，16 頁。
24　槌田敦（1999)「持続可能性の条件～資源と廃棄物で社会の循環と自然の循環をつなぐ～」名城大学商学会『名城商学』第 48 巻第 4 号，93-97 頁。
25　郭，前掲書。

第8章

21 世紀の開発経済学

──新たな課題に直面する経済開発──

1．21 世紀の新たな脅威

コロナ以前の世界経済は，多くの課題を抱えながらも着実に一歩一歩前進してきた。しかし，21 世紀の政治・経済・社会状況を見ると，様々な危機がいたる所で起きている。特に，1997 年のアジア通貨危機，2008 年のリーマンショック，2010 年の欧州ソブリン危機，新型コロナウイルスの感染拡大とロシアのウクライナ侵攻によるサプライチェーンの寸断と原油価格の高騰に端を発する世界的インフレは人々の生活を苦しめている。

島崎によると，経済危機を引き起こす要因は5つある。「天災」「戦争」「税制」「通貨」「金融」だ。これらは単独で存在するのではなく，複合的要因で発生する。

自然災害などの天災は，飢饉につながり，前近代社会では経済危機に直結した。戦争はすべての参戦国を経済危機に陥れる。長期戦になれば戦費が膨らみ国家財政を圧迫し，国民の間に厭戦気分も漂い始め，社会的停滞をもたらす。税制は，国家の規模が大きくなれば支出が増え，それを賄うために直接税だけではなく間接税も増税される。それは，企業，家計などに大きな負担をかけることになる。現在の貿易体制はドルを基軸通貨としており，変動相場制を強いているため，自国の経済力，信用力の強弱によって通貨の価値は乱高下を繰り返し，通貨が下落すれば，通貨危機，経済危機を招く。金融資本は，新たな金融派生商品を生み出し，巨額の富を得る人もいれば没落する人も生み出している。2008 年のリーマンショックや 2010 年の欧州ソブリン危機など，世界経済を巻き込む金融危機が起きることもある[1]。

人類は，常に様々な危機に直面しながらも，それを乗り越えてきた。しかし，昨今の危機は，経済問題だけではなく政治的・社会的問題からも生じている。UNDP は，*2022 SPECIAL REPORT New Threats to Human Security in the Anthropocene Demanding Greater Solidarity-Demanding Greater Solidarity*（『2022 年特別報告書　人新世の脅威と人間の安全保障～さらなる連帯で立ち向かうとき～』）の中で，新型コロナウイルスが発生する以前の世界は，人間開発指数は最も高い水準で豊かで健康な生活を送っ

図 8-1　世界に広がる不安感

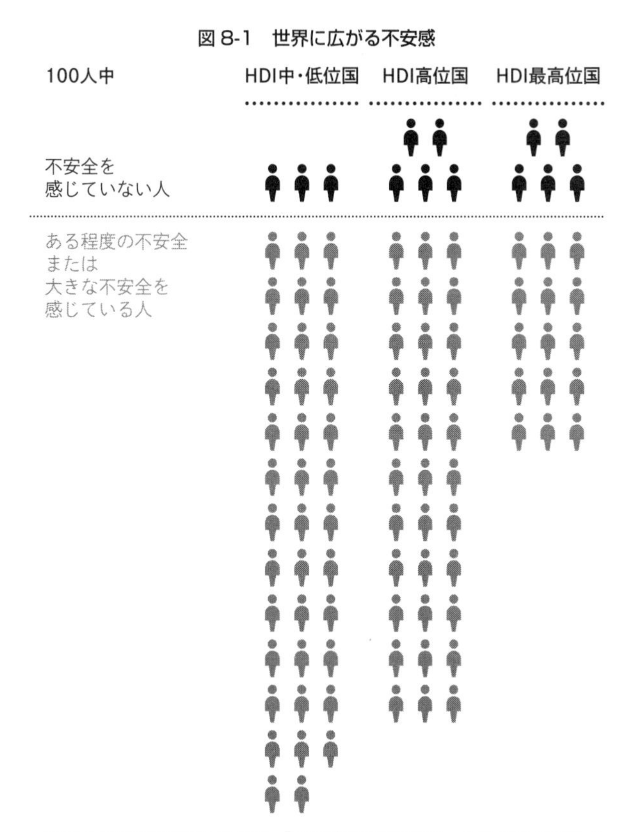

出典：国連開発計画（2022）『2022 年特別報告書　人新世の脅威と人間の安全保障～さらなる連帯で立ち向かうとき～』日経 BP 社，8 頁。

図 8-2 人間の安全保障に対する新世代型の脅威

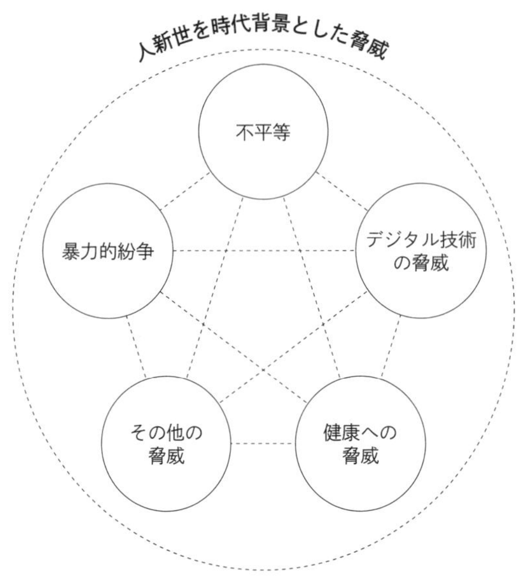

出典：同上書，10 頁。

ていたが，一方で人々の間には不安感も漂っていた。コロナ以前から，世界では 7 人中 6 人が内心の不安を抱え，この不安感はほとんどの国で上昇したと指摘している[2]。

さらに，人間の安全保障の新たな脅威として，次の課題を挙げている。飢餓，気候変動，強制移動，デジタル技術の脅威，暴力的紛争，不平等，女性のエンパワーメントの否定，保健への脅威だ[3]。

2022 年にはロシアのウクライナ侵攻が始まったが，問題は，国際社会が一丸となってロシアのウクライナ侵攻に対処できないことだ。冷戦体制下において国連は，有効な成果を上げることができなかったが，今もその状態は続いている。

2．中所得国の罠がささやかれるアジア諸国

「中所得国の罠」とは，多くの途上国が経済成長により 1 人当たり GDP

が中程度の水準（中所得）に達した後，成長パターンや戦略を転換できず，成長率が低下，あるいは長期にわたって低迷することをさす[4]。

世界銀行が2007年に発表した『東アジアルネッサンス―経済成長のためのアイデア』（原題：*An East Asian Renaissance: Ideas for Economic Growth*）の中で，中所得国が高所得国へ移行できず，停滞したままの状態を避けるためには何が必要かを説いたところから中所得国の罠という議論が始まった。報告書では中所得国の罠から抜け出すには，(1)生産および雇用の重点化，(2)投資の重要性低下を補う技術革新の推進，(3)新たな商品やプロセスの創造へのシフトに対応できる熟練労働者の教育制度の3つにより規模の経済を活用することが重要であるとしている[5]。

1960年以降のアジア諸国の1人当たりGDPをみると，日本は1966年，香港は1988年，シンガポールは1989年，韓国は1999年にそれぞれ1万ドルを突破し，その後も成長を続けている。中南米ではメキシコが2011年に1万ドルを突破して以降，その前後で伸び悩んでいる。

アジアの先発工業国・地域である韓国，台湾，香港，シンガポールに続く東南アジア，中国が中所得国の罠に陥ることなく継続して経済成長を持続させることができるか注目されている。

特に，過去30年以上にわたって二ケタ成長を続けてきた中国が，中所得国の罠に陥るのでないかと懸念されている。中国は，2010年に日本を抜いて世界第2位の経済規模となり，1人当たりGDPも，2019年以降3年連続で1万ドルを上回った（2019年1万143ドル，2020年1万408ドル，2021年1万2556ドル）[6]。

問題は，1万ドルを突破した後も順調に成長し続けるかということだ。各国政府・国際機関では，中国経済に対する分析と中所得国の罠に陥らないための課題・対策を提示している。具体的には，「資本・生産性」「人的資本」「労働」の3つに分けて課題を上げている。

日本政府は，中国が中所得国の罠を回避するための条件として，(1)技術進歩の推進，(2)産業・輸出構造の高度化，(3)人材の育成とマッチング，(4)都市化の進展と中間層の充実をあげている。

(1)技術進歩の推進とは，投資の効率化・質の向上による技術進歩を通した高付加価値な製品を生産できる経済構造への転換だ。(2)産業・輸出構造の高度化とは，輸出が拡大することで，成長を押し上げるだけではなく，技術移転が進むことで国内投資がさらに喚起され，輸出構造の高度化が促進される。(3)人材の育成とマッチングとは，多様な労働者の能力が適切に吸収できる労働市場が存在することで，労働者を適材適所に配置できるということだ。(4)都市化の進展と中間層の充実とは，産業の高度化は，消費の拡大を通じて実現する。その際，中間層の充実は厚みのある市場を提供することとなり，それがさらなる産業の高度化を促すという意味だ（表8-1）[7]。

表8-1　中国が中所得国の罠に陥らないための課題

	資本・生産性	人的資本	労働
世界銀行(2007)	投資効率の維持，技術革新	熟練労働者のための教育制度	生産および雇用の多様化
内閣府(2011)	国有企業と独占業種の改革を進め，不合理な分配システムを調整する必要	政府の教育等の公共サービスに対する支出割合を増加させる	農民労働者の市民化加速，労働力移動の障壁を減らす
ADB(2012)	輸出製品を複雑・高度化し製品の罠（Product Trap）に陥らないことが重要		
世界銀行(2013)	金融市場において中小企業の金融へのアクセスが制限されてしまい，政府による低金利策の為過剰投資を誘発しまうことから，金利の自由化，資本市場育成による金融チャネルの多角化を進める必要	世界的な研究開発ネットワークに参加し，世界に通用する教育機関の設立が必要	戸籍制度，社会保障制度の硬直性が労働市場の柔軟性を阻害。制度改革により効率的な労働力の利用が可能となり生産性が高まる
OECD(2013)	ビジネス環境の整備が必要であり，政策による研究開発施設の提供，知的所有権，投資家の保護等が必要	都市と地方間での教育格差の是正，教育機関が提供する技術と産業が求める技術のミスマッチの是正が重要	

出典：内閣府『世界経済の潮流　2013年Ⅱ』。

タイは，2018年に7000ドルに達して以降，同じ水準で推移している。1万ドルに到達する前に中所得国の罠に陥ったという指摘もある。タイには，1980年代半ばから，日本企業をはじめとした外資系企業が進出し，自動車や電気機械の生産拠点として工業化が進んだ。1997年のアジア通貨危機や2008年のリーマンショック，度重なる軍事クーデターなどの混乱を経ながらも，労働力の投入とインフラや設備などの資本投入により，高い成長を維持し続けた。

しかし，2015年には3年連続の輸出見通しが前年割れを起こした。原因としては，中国経済の減速という外的要因と，最低賃金の大幅引き上げによる国際競争力の低下という内的要因が考えられる[8]。

特に，慢性的な人手不足は深刻だ。タイが，この間比較優位を誇ってきた低賃金を武器とした国際競争力の向上は限界にきており，付加価値の高い産業構造に転換しなければ中所得国の罠に陥る可能性がある[9]。

また，2010年代後半からは，賃金上昇や少子高齢化の進展により，労働力の投入が縮小した。インフラや生産設備が整備される中で，資本投入による経済成長の押し上げ効果も鈍化してきた。タイが，中所得国の罠から脱するためには，イノベーションなどを通じて生産性を高めていくことが必要だ[10]。

タイのイノベーションの国際ランキングを見ると，43位だ。韓国6位，シンガポール7位，中国11位，香港14位，マレーシア36位，インド40位の次に位置する。1人当たりGDPも1万9028ドルだ[11]。

アジアの国々が中所得国の罠に陥るかどうか，予断は許さない。

開発途上国が，中所得の国の罠に陥る原因としては，ダニ・ロドリック（Dani Rodrik）の「早すぎた脱工業化」論がある。彼によると，アメリカ，イギリス，ドイツ，スウェーデンが脱工業化し始めた時，1人当たり所得は，9000～1万1000ドル（1990年価格）に達していた。これに対し，開発途上国のブラジルの脱工業化は5000ドル，中国は3000ドル，インドは2000ドルで始まった[12]。

十分な工業化＝所得水準の上昇を経ずに，サービス経済へ移行したことにより，中所得国の罠に陥ったことになる。中所得国の罠に陥らず，持続的に経済成長するには，十分な工業化＝産業構造の高度化が必要ということだ。韓国，台湾，香港，シンガポールが中所得国の罠に陥らなかったのは，産業構造を高度化し続けたからだ。

問題は，なぜ，十分な工業化を経ずにサービス経済に移行してしまったのかだ。それは，今日の経済はグローバリゼーションの影響を強く受けており，特に，途上国であればあるほど，その影響を受けやすい。その結果，世界経済が急速なサービス経済に移行すれば，途上国も製造業中心の経済構造からサービス経済へ否が応でも移行せざるを得なくなる[13]。

したがって，工業化が十分に成熟していない段階でサービス経済へ移行した場合，内部に問題を抱えることになり，中所得国の罠に陥りさらなる工業化への飛躍が困難な状況に直面する。

しかし，必ずしも早くサービス経済に移行した国が，中所得国の罠に陥るわけではない。昨今のICT革命とデジタル革命をうまく活用して新たなサービス経済へ移行できれば，雇用創出だけではなく，生産性も向上し高所得国へと移行できる可能性もある[14]。

この間，中所得国の罠を巡る議論は，アジアをはじめとした開発途上国が順調に経済成長して中所得国となった後，先進国に仲間入りを果たすことができるかであった。言い換えれば，先進国に追いつくことができるのかが，主な関心であった。

しかし，現在の世界経済全体を見渡すと，先進国こそ，このまま先進国でい続けられるのかという疑問が生じてくる。

世界銀行が指摘する中所得国の罠から抜け出す条件を見ると，先進国，特に，今の日本にそのまま当てはまるのではないか。技術革新を通した生産性の向上や高度熟練労働者（理系人材）の育成は，国際競争力が低下している日本にとって，最も必要な条件だ。日本の長期にわたる景気停滞を「多様性の欠如」という視点から，「衰退国家」ととらえる見方もある[15]。

一国経済が，さらに高度な段階に進むには，多様性がより一層求められるが，日本は，「岩盤規制」に見られるように，いったん形成され制度で守られた分野・領域は，なかなか変更（緩和）することができないばかりか，自らの分野・領域を守ろうとするあまり排他的になり，他国からの技術や知識の流入が遅れていると言われてきた。しかし，この議論は新自由主義的発想から出た内向きの意見だ。問題は世界の中で日本はどのようなポジションに置かれているのかという認識が欠如していることだ。この間の輸出企業を始めとした大企業の経営戦略をみると，円安により利益を上げることができたため，国際競争力の向上に必要な技術革新を怠ってきた。それが，日本の国際的地位を低下させたことに気づくべきだ。

日本経済は，停滞したまま30年が過ぎる中で，さらなる排他性を生み出し，経済構造の転換を阻む悪循環に陥っている[16]。

自民党の小泉政権による「改革なくして成長なし」や，安倍政権の「岩盤規制改革」は，こうした停滞する日本を打破するためには，規制緩和が必要であるという新自由主義的発想から生まれた経済政策だ[17]。

日本は，中国をはじめとした途上国が今後，様々な問題に直面することに関心を示すより，自国が陥っている状態を直視すべきだ。日本は，衰退が進んでいる（途上国化しつつある）ことを認識し，早急に対処すべきだろう。

それは，耳障りの良い言葉だけを並べるのではなく，日本経済が陥っている構造問題を正しく把握し，国民に日本社会の再生に必要なビジョン・政策を提示すべきだ。筆者は，現在の日本の経済社会の特徴を100均資本主義と考える。

今日，開発経済学は，途上国の経済開発だけではなく，先進国で顕在化してきた課題，さらには途上国・先進国を問わず，世界的規模の課題（環境問題，国際的紛争，ジェンダー，感染症等）にも対応することが求められている。

特に，SDGsの推進や脱成長に向けた動きにみられるように，従来の成長至上主義的開発ではなく，「誰ひとり取り残さない」経済発展が求められている。従来の枠にとらわれない認識と発想の転換が必要だ。開発経済学に課せられた課題は大きい。

注

1 島崎晋「コロナ禍以前も，世界が経済危機を乗り越えてきた『4つの視点』」『DIAMOND ONLINE』2020年10月30日。https://diamond.jp/articles/-/252798
2 国連開発計画（2022）『2022年特別報告書 人新世の脅威と人間の安全保障～さらなる連帯で立ち向かうとき～』日経BP社，6頁。
3 同上書，7，9頁。
4 内閣府（2013）『世界経済の潮流 2013年Ⅱ』。https://www5.cao.go.jp/j-j/sekai_chouryuu/sa13-02/html/s2_13_2_1.html
5 The World Bank (2007), *An East Asian Renaissance: Ideas for Economic Growth.*
6 為替レートは，2021年通年の人民元の対ドル平均レートで計算。日本貿易振興機構（2022）「中国の1人当たりGDP，あとわずかで「高所得国」入り」『ビジネス短信』2022年3月16日。
7 内閣府，前掲書。
8 高橋徹（2015）『タイ 混迷からの脱出 繰り返すクーデター 迫る中進国の罠』日本経済新聞出版社，441頁。
9 同上書。
10 高橋尚太郎「タイ経済：「中所得国の罠」に直面するタイ経済の行方」伊藤忠総研『Economic Monitor』Nov. 25, 2020, No.2020-055。
11 WIPO (202X), *Global Innovation Index 2022.*
12 Rodrik, Dani (2013), "The Perils of Premature Deindustrialization," *Project Syndicate.*
13 森元晶文（2022）「アジアにおけるサービス経済化―課題と可能性―」小林尚朗・山本博史・矢野修一・春日尚雄編著『アジア経済論』文眞堂。
14 同上。
15 中藤玲は著書『安いニッポン「価格」が示す停滞』（日経プレミアシリーズ，2021年）の中で，日本が今，先進国はおろか，NIEsのような国・地域にまで追いつかれつつある（分野によってはすでに追い抜かれている）状況を指して，今のままの政策を維持していれば，先進国の地位を維持するのは難しいと指摘している。
16 戸堂康之「アジアと中所得の罠（中）―排他性が成長・革新阻む，『多様なつながり』重要」『日本経済新聞（経済教室）』2014年8月27日付。
17 こうした考えのもと進められた「改革」が，いまだに経済停滞から脱することができていないばかりか，さらなる格差や問題を生み出していることについては，その問題点を認識し，新たな政策を追求することが必要であろう。

索　引

事　項

【数字・アルファベット】

【ア行】

【カ行】

【サ行】

人　名

【ナ行】

【ハ行】

【マ行】

【ラ行】

著者紹介

郭　洋春（かく・やんちゅん）

立教大学経済学部教授。専門は開発経済学。アジア経済論。平和経済学。
1959年生。1983年法政大学経済学部卒業。1988年立教大学経済学研究科博士課程単位取得満期退学。2009～2011年，2013～2015年経済学部長。2018～2021年立教大学総長。
著書に『100均資本主義～脱成長社会「幸せな暮らし」のつかみ方』（プレジデント社，2022年），『現代アジア経済論』（法律文化社，2011年），『開発経済学』（法律文化社，2010年）など多数。

経済開発の過去・現在・未来
──開発経済学の果たした役割──

2023年5月31日　初版第1刷発行　　検印省略

著　者　郭　洋　春
発行者　前　野　隆
発行所　株式会社　文　眞　堂
東京都新宿区早稲田鶴巻町533
電　話 03（3202）8480
FAX 03（3203）2638
https://www.bunshin-do.co.jp/
〒162-0041 振替00120-2-96437

製作・モリモト印刷
©2023
定価はカバー裏に表示してあります
ISBN978-4-8309-5224-1　C3033